政府与社会资本合作（PPP）的
风险分担及化解效应研究

王培石　著

中国金融出版社

责任编辑：曹亚豪
责任校对：潘　洁
责任印制：陈晓川

图书在版编目（CIP）数据

政府与社会资本合作（PPP）的风险分担及化解效应研究／王培石著．—
北京：中国金融出版社，2023.3
ISBN 978-7-5220-1874-4

Ⅰ.①政…　Ⅱ.①王…　Ⅲ.①政府投资—合作—社会资本—风险管理—
研究—中国　Ⅳ.①F832.48②F124.7

中国国家版本馆 CIP 数据核字（2023）第 002595 号

政府与社会资本合作（PPP）的风险分担及化解效应研究
ZHENGFU YU SHEHUI ZIBEN HEZUO（PPP）DE FENGXIAN FENDAN JI HUAJIE XI-
AOYING YANJIU

出版
发行　中国金融出版社

社址　北京市丰台区益泽路 2 号
市场开发部　（010）66024766，63805472，63439533（传真）
网 上 书 店　www. cfph. cn
　　　　　　（010）66024766，63372837（传真）
读者服务部　（010）66070833，62568380
邮编　100071
经销　新华书店
印刷　北京九州迅驰传媒文化有限公司
尺寸　169 毫米×239 毫米
印张　11.75
字数　192 千
版次　2023 年 3 月第 1 版
印次　2023 年 3 月第 1 次印刷
定价　58.00 元
ISBN 978-7-5220-1874-4
如出现印装错误本社负责调换　联系电话(010)63263947

谨以此书献给我的导师刘亚教授

序

　　当年，培石以出色的表现跨过对外经济贸易大学金融学院博士研究生考试的门槛，跟我攻读金融学专业的经济学博士学位。为了补足从校门到校门的短板，增加对我国经济和社会的了解和感悟，培石在修完博士研究生课程后到财政部实习了一年时间。实习结束后，在商定博士学位论文选题时，我根据他的所学、所知和所能，要求他一定要做到理论联系实际，研究要"真有价值、真有创新、下真功夫"。最后，鉴于在财政部借调期间对 PPP 的关注，考虑到以实际问题为导向，研究成果能够服务于有关方面的决策，他便确定了以 PPP 为研究对象。

　　研究 PPP 具有重要的理论意义和现实意义。2014 年财政部正式出台文件，对 PPP 的中文名称、意义、形式、范围等进行了界定，不仅推动了 PPP 在中国的规范化进程，同时也宣示了国家层面对推进 PPP 的政策导向。财政部对 PPP 寄予厚望，认为其是促进经济转型升级、支持新型城镇化建设的必然要求，是加快政府职能转变、提升国家治理能力的一次体制机制变革，是深化财税体制改革、构建现代财政制度的重要内容。鉴于此，无论是从微观层面进行研究（研究 PPP 项目层面，体现社会资本与地方政府之间的关系），还是从中观层面进行研究（研究 PPP 对地方财政的影响），无疑都具有可以预期的学术贡献和实践参考价值。

　　具体而言，研究评价 PPP 这种外来的"新型"合作模式的实践价值和绩效存在多个维度，其中，与培石所攻读的金融学专业相关度高的维度包括风险管理方面。基于这一考虑，培石和我商定以 PPP 的风险分担及化解效应的独特视角来研究评价 PPP，并从微观和中观两个层面展开。正是在这样的思考和写作博士学位论文的背景下，培石开始了对 PPP 的系统研究和深入探索。在此过程中，培石克服了重重困难和挑战，最终完成了博士学位论文的写作和研究，得到了论文评阅人和答辩委员的充分肯定。

　　积极上进是培石的一个重要特质。走上工作岗位以后，即使为繁忙的工作所累，他仍然希望能够在 PPP 的研究上更上一层楼。于是，他以博士学位论文为基础，经过一定的调查和深入研究，完成了这部呈现在大家面前的专著。

总体来看，本书具有以下特点：

一是坚持理论与实践紧密结合。PPP 是一种应用性很强的合作模式，不仅需要深化理论研究和政策研究，而且需要关注应用实践研究。培石站在前人的肩膀上，一方面进行了系统的理论研究，另一方面深入 PPP 的政策制定部门、监管部门、社会资本和相关的从业者等众多层面，进行了大量的调研和访谈，从而掌握了很多有价值的第一手资料。这就使得他的研究成果既有相当的理论厚度，更有接地气的实践准度，体现了一个学生和学者从实际出发，理论联系实际的研究情怀和脚踏实地的研究作风。

二是坚持微观研究与中观研究联动。一方面，对于 PPP 的研究可以以聚类的项目为对象，进行"解剖麻雀"式的研究，即进行微观研究；另一方面，PPP 作为基础设施建设的一类模式，深刻地影响着地方政府的债务行为，可以开展中观研究。实践中，微观层面的项目实施联系着地方政府的中观行为，地方政府的中观决策影响着微观项目的布局和实施模式，因此，只有将微观与中观紧密结合，置于同一个体系中进行研究，才能洞悉其中的诸多"所以然"。本书就是从风险分担与化解的视角，将 PPP 中的微观和中观等不同层面的研究置于同一框架之下，从中探索研究两者之间的联动。

三是坚持问题解析与实践应用并重。本书立足于中国改革开放的实践沃土，立足于现实中存在全局性影响的重要问题，从服务 PPP 项目的实施者及合作者、管理部门、财政部门等多重利益相关者出发，提出了具有可操作性的 PPP 定量评估系统方案。这对于准确把握资金流动、评估 PPP 项目风险、遏制地方政府负债无序增长、规划财政资金使用等诸多方面都具有很强的应用价值。同时，本书以全生命周期的视角研究 PPP 风险问题，对推动地方政府的政策量化评估具有重要参考价值。

在新冠肺炎疫情和国外复杂严峻环境的多重影响下，中国经济发展面临着前所未有的挑战，微观、中观和宏观风险并存。本书虽然仅仅论及 PPP 的相关风险，但是，其中涉及的很多分担和化解风险的策略具有普遍借鉴意义。我希望培石能够以本书作为研究生涯的一个铺路石，继续砥砺前行，脚踏实地，知行合一，以自己的研究及其成果为推动中国经济社会发展贡献一己之力。力即使绵薄，但不负韶华足矣。

2022 年 4 月 29 日

目录 CONTENTS

表目录

图目录

第1章 绪 论

1.1 研究背景与意义

政府与社会资本合作（Public and Private Partnership，PPP）是一种较为新兴的公共基础设施提供模式。近年来，其受到各国（地区）政府和多个国际组织的推崇，成为全球流行的公共基础设施融资手段。在我国，政府层面（国务院、国家发展改革委、财政部等）已先后出台多项政策，鼓励各地方政府采用 PPP 模式作为新的融资手段补充和发展当地公共基础设施。我国是世界上最大的发展中国家，与发达国家相比，当前阶段的经济建设能力和制度保障程度仍存在一定差距；与其他发展中国家相比，我国是以公有制为主体的社会主义国家，经济发展程度与经济要素在市场中的地位具有自身的特点。因此，研究当前经济环境下我国的 PPP 发展具有重大的意义。

1.1.1 研究背景

改革开放后，我国进行了持续的、大规模的投资与建设，取得了世界瞩目的成果，但城市化进程和经济发展，使各地对公共基础设施仍有较大的需求。比如，2014 年 3 月，中共中央、国务院出台的《国家新型城镇化规划（2014—2020 年）》对全国城市建设发展提出的目标是：常住人口城镇化率达到 60% 左右，户籍人口城镇化率达到 45% 左右，户籍人口城镇化率与常住人口城镇化率差距缩小 2 个百分点左右，努力实现 1 亿左右农业转移人口和其他常住人口在城镇落户。全球发展经验表明，无论经济发展还是城市化发展都要依托强大的公共基础设施以有效带动本地经济发展，如国人熟知并践行的"要致富，先修路"。

长期以来，我国各级政府通常是公共基础设施的主要提供者和管理者，无论是项目的设立、设计、建设，还是后期的运营维护，都是在政府主导下完成的。但这样的现状导致了许多亟待解决的问题：随着我国经济逐渐从高速增长阶段进入高质量发展阶段，全国经济增速减速换挡，各级地方政府财政收入增速呈现不断降低的趋势，其中 2015—2019 年财政收入平均增速仅为 5.54%，显著低于同期的 GDP 增速，而同期的财政支出仍保持相对高速增长（约为 8.78%）。结合减税政策和新冠肺炎疫情导致的经济影响，财政矛盾在以投资公共基础设施领域为支柱的发展环境中尤为突出。为了能够持续有效地提供公共基础设施，满足居民对美好生活的需要和经济高质量发展的需求，各级地方政府主要通过发行债券融资弥补财政缺口。根据财政部数据，2015 年地方政府纳入预算管理的政府债务为 16 万亿元，加上中央政府负债共计 26.66 万亿元，占国内生产总值（GDP）的比重约为 39.4%，其中地方政府负债规模占总体规模的比重约为 60%。该数值较 2014 年政府债务总额增长了 3.66 万亿元，远高于当年的 GDP 增速。在 2018 年和 2019 年的《政府工作报告》中，李克强总理多次指出，要防范化解地方政府债务风险，控制地方政府债务，做好去杠杆有关工作。截至 2019 年末，全国地方政府债务为 21.31 万亿元，债务率约为 82.9%，约占 GDP 的 38.5%。这一成果是在防范化解地方政府债务风险的政策下取得的，来之不易。不过，受到新冠肺炎疫情的巨大冲击，为对冲经济下行压力，防范化解地方政府债务风险的有关政策进行了适当调整，财政部多次提前下达专项债额度，但基层政府财政收支矛盾仍然十分突出。

如何解决经济发展增速逐步减缓与地方政府债务风险不断攀升的矛盾，既要在有限的预算范围内更好地使用财政资金，提高投资效率产生更多的经济效益，又要控制好相关风险，对风险进行有效管理，可持续地发展存续的项目，成为亟待探索研究的课题。PPP 模式是社会主义市场经济发展中的新探索，其在改善地方政府债务结构层面和政府推动公共基础设施建设方面具有积极意义。目前我国所执行的 PPP 框架范式源于国务院 2014 年 10 月印发的《关于加强地方政府性债务管理的意见》，其中明确提出"推广使用政府与社会资本合作模式"。该文件是 PPP 模式在我国迅速推广、有关配套政策紧密出台、相关研究积极开展的坚实政策基础。此后，党中央、国务院以及国家发展改革委、财政部等多个部门出台了数项 PPP 指导和规范性文件（如《中共中央　国务院关于深化投融资体制改革的意见》、财政部《关于推广运用政府和社会资本合作模式有关问题的通知》等）。在这些文件中，PPP 模式被赋予了打开透明融资的窗户、关闭传统平台融资的后门、禁止地方融资平台为地方政府融资等重任，并承载了发挥共担风险优势、减轻地方政府财政压力、化解地方政府债务风险的美好期望。在党中央、国务院的指导下，PPP 模式如雨后春笋般在各省、自治区、直辖市出现，成为将基础设施投入资金正规化运用的重要模式。

那么，当前我国不断开展的 PPP 是否发挥了公共部门与社会资本共担风险的作用？当前的 PPP 风险分担策略是否有效？同时，PPP 与地方政府债务之间的关系是什么？PPP 是否有助于化解地方政府债务风险？这些问题正是本书需要重点研究的问题。

1.1.2　研究意义

围绕 PPP 对微观项目风险的分担和地方政府债务风险化解两个方面的效应，本书所进行研究的理论意义在于以下几点。

第一，结合 PPP 项目的特点，建立 PPP 项目的现金流计量模型。PPP 项目的投资和管理不是一个短期的瞬时决策过程，项目主要涉及的合作领域——公共基础设施大多具有建设时间短、运营周期长的特点。以往研究仅考虑投资额的评估和研究方法是不全面的。从过程来看，在长达数年的合作中，投资与建设仅涉及 PPP 合作周期的少部分时间，而现有的研究却大多只关心这一时期，忽视未来长周期的成本，缺少应对计划，因此难以体现出当前项目管理中出现的问题。本书参考物有所值评价法，设计了现金流计量法，对 PPP 项目的支出与全生命周期投资费用建立了更为准确的评估方法，同时，在一定程度上解决了 PPP 项目公开数据量少，无法有效开展定量分析的问题。此外，根据规范性政策文件，PPP 模式可以根据运作方式和回报模式更为细致地分成多个类别。目前的研究大多忽略了这些类别之间的差别，将它们统一成 PPP 项目进行考察。然而，PPP 项目的不同特征决定了公共部门在采用 PPP 模式时的决策行为、支付行为具有显著性差异。因此，创立一种新的 PPP 现金流计量模型将有利于开展进一步研究。

第二，从风险分担角度梳理和完善 PPP 项目层面的风险识别体系，提供风险定量评价的新思路，结合现金流计量模型进行定量分析。当前研究对 PPP 项目风险的识别方法已经取得基本共识，对风险分担的基本策略也已经从理论层面进行了多种讨论。不过在现实中项目风险种类多样，对于风险分担究竟是否有效地达到了预期效果，目前尚未找到一个有效的切入角度进行定量研究，使 PPP 项目层面风险大多停留于定性研究阶段。本书通过梳理 PPP 风险点，尝试站在公共部门的角度以风险可分担性为标准对风险进行分类，分析并筛选出可以分担但难以有效控制的风险作为风险研究指标。同时，考虑到每个 PPP 项目个体差异性较大，受到多方面因素影响，将重要的影响指标融入本书提出的 PPP 现金流计量法模型，创新一种在兼顾 PPP 项目个体差异性的同时还能够反映出 PPP 项目特点的计量评价方法，对实践中的 PPP 项目风险分担策略有效性进行了评估，提供了风险评估的新思路。在这一方法的基础上，本书对 PPP 模式和传统政府采购模式进行了对比，从模型和理论上给出了一个回答。

第三，对 PPP 与地方政府债务之间的关系提出替代效应的理论解释，并通过 PPP 对地方政府债务风险化解的相对作用证明 PPP 的有效性。PPP 能否化解地方政府债务风险是 PPP 研究的重点课题，对于 PPP 能否实现化解地方政府债务风险的目标，已有研究主要聚焦于 PPP 投资额与地方政府债务余额，定量研究也往往仅通过计量模型对两者进行了简单的计算，却未能对两者之间的相互关系做更深一步研究，并给出明确的解释。本书从 PPP 的基本原理和特点入手，讨论 PPP 如何参与地方政府主导的公共基础设施投资，结合我国出台的地方政府债务管理政策，整理出纯替代效应和替代与补充效应两种关系，进一步丰富 PPP 与地方政府债务之间关系的相关理论，从 PPP 对化解地方政府债务风险相对作用的角度进行了有益探索。

本书的实践意义主要体现在以下几个方面。

第一，从 PPP 政策制定者的角度，为当前 PPP 指导性文件细化工作提出建议。目前财政部出台的《政府和社会资本合作模式操作指南（试行）》仅对 PPP 的合同签署与项目实施给出了原则性指导，给实施部门留下了较多的自主空间。通过长时间的发展，我国 PPP 已经根据当前经济环境形成了自身的特点，但因缺少实施细则而产生了诸如权利与义务界定不清晰、项目类型含糊、风险分担效果不明显等不利于 PPP 可持续发展的诸多问题。本书通过对 PPP 基本性质的梳理，结合当前的 PPP 风险分担策略，为政策制定部门进一步制定 PPP 操作指南提供了依据。

第二，从地方政府作为 PPP 合作者的角度，为 PPP 项目风险分担策略提供参考依据。目前，各地区 PPP 项目开展和落地速度较快，但整体来说项目的风险管理相对粗放。许多地方决策者无法正确认识项目的风险分担作用，有的项目过多地将风险转嫁至社会资本，有的项目则由政府承担了不应承担的风险。本书结合实践中 PPP 风险分担策略，为未来的项目合同制定提供经验性的分析结论，从风险共担的层面掌握项目带来的正面效果和仍需要承担的责任。在项目初期制定合理的未来规划安排,优化 PPP 项目风险管理,为科学分担 PPP 项目风险、细化管理提供参考,发挥 PPP 模式的优势。

第三,从宏观监管者的角度,为推广 PPP 模式化解地方政府债务风险找准着力点,提高政策传导效率。通过对各地区数据进行分析,本书对地方政府债务风险的化解情况开展评估。但由于政策存在外部性,政策目标往往并不能直接实现。经过理论与实证分析,本书发现了 PPP 项目与地方政府负债之间的关系,为推广有效的债务风险化解政策、找出解决潜在风险的正确方法提供决策依据。

1.2 技术路线与研究内容

本书的研究以 PPP 项目风险为主线开展。首先,通过总结当前已有文献,本书对 PPP 项目的主要性质、特点、参与主体、应用范围等作出界定,结合多种理论,确定 PPP 的风险分担研究主要从微观和中观两个层面进行。有效和准确地进行风险评估需要一个良好的评估方法和评估工具,然而 PPP 项目涉及多种行业、地区和时间跨度,因此本书建立了一个通用的、可计量的 PPP 支出模型作为评估 PPP 项目风险的基础。同时,根据该模型,本书进一步深入挖掘政府部门对 PPP 付费的性质以及与政府支出的关联。其次,本书从微观视角进行分析,识别 PPP 项目微观风险后,利用新建立的 PPP 支出模型开展实证分析和模拟计算,并结合实践,评估并评价风险分担效果。同时,本书对 PPP 与中观地方政府债务风险的化解作用进行了研究,深入挖掘 PPP 与政府支出、政府负债之间的关系、传导渠道,利用新建立的 PPP 支出模型并结合计量方法进行实证分析以证明理论,并就 PPP 化解作用的相对性进行解释。最后,本书针对定性分析与定量分析进行梳理,就未来如何更为有效地发展 PPP,实现缓解地方政府压力、化解地方政府债务风险的经济目标提出政策建议(见图 1.1)。

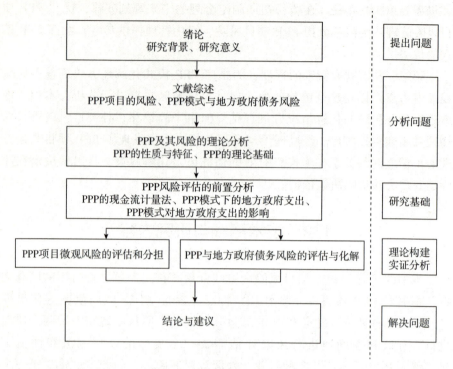

图 1.1　本书研究的技术路线

本书共分为 7 章，各章内容安排如下。

第 1 章，绪论。介绍本书的研究背景、研究意义、研究方法、研究思路。

第 2 章，文献综述。从两个层面回顾当前 PPP 在风险共担与化解方面的主要问题、研究方法及研究结论，以 PPP 项目的风险和 PPP 模式与地方政府债务风险分别展开。

第 3 章，PPP 及其风险的理论分析。对 PPP 模式的基本情况进行分析，界定了 PPP 模式的定义、范畴，并分析了其基本性质，与传统政府采购模式进行对比，阐释 PPP 模式的特殊性。

第 4 章，PPP 风险评估的前置分析。通过总结以往 PPP 风险评估的不足之处，并参考当前施行的 PPP 项目物有所值评价法，本章提出了一种新的 PPP 项目评价方法——PPP 现金流计量法，为后续的实证分析提供了工具。同时，本章从理论上推导出 PPP 项目支出的一些基本性质。结合定性和定量分析，本章还分析了 PPP 支出与财政支出之间的关系，为下文的分析提供研究工具和理论基础。

第 5 章，PPP 项目微观风险的评估与分担。基于研究和实践，本章着重研究可分担且难以有效控制的风险因素，并建立可测度的风险模型。本章结合第 4 章的 PPP 现金流计量法，将相关风险变量代入，对全国 PPP 项目风险开展定量评价。为了检验当前 PPP 项目在实践中风险分担方案的有效性，本章通过蒙特卡罗模拟，对不同风险分担策略进行了模拟分析，判断策略的有效性并给出改进方案。

第 6 章，PPP 与地方政府债务风险的评估与化解。本章先对地方政府显性债务作出了界定，并明确合规的 PPP 作为化解地方政府债务风险的工具不属于地方政府隐性风险。本章提出 PPP 与地方政府债务是通过替代关系完成的，并对两种不同的替代关系进行了讨论。因为地方政府负债行为受到多种因素影响，本章从相对化解地方政府债务风险的角度开展了实证分析，对 PPP 化解地方政府债务风险的有效性进行了评估。

第 7 章，结论与建议。本章在前文分析结论的基础上进行提炼总结，明确本书的主要论点，结合理论和实证分析的结论，为 PPP 政策的进一步推广给出可行的建议。

1.3　研究方法

第一，文献分析法。文献研究是本书研究的基础，为下一步的探索指引方向。本书整理了已有文献，通过总结发现目前研究的不足与缺漏之处，既包括不同时期因客观原因而无法研究的问题，也包括数据不足或样本数量缺少等因素造成的问题。本书按照 PPP 项目的微观项目层面和中观地方政府债务层面两条主要线索梳理 PPP 项目风险的相关研究，把握当前 PPP 项目风险的基本分配原则与分配策略，为建立模型奠定基础；通过梳理 PPP 与地方政府债务相关研究，掌握已有研究结论与研究方法，发现不足之处，为进一步理论研究做初步铺垫。

第二，理论研究。在把握 PPP 的基本理论和性质基础上，本书首先在前置分析中根据 PPP 的基本定义并结合实践经验构建了 PPP 现金流计量法模型，用于分析 PPP 支出的基本性质，并为后续分析提供计算工具。其次，在项目风险研究中使用博弈论模型分析 PPP 的风险分担策略，在该结论基础上分析得出 PPP 风险分担的主要风险类型是可分担且难以有效控制的风险，并分别界定几种风险的内涵。最后，在中观地方政府债务风险的研究中，依据当前的地方政府债务管理政策和地方政府行为提出 PPP 对地方财政支出的代替作用，并从相对角度开展研究。

第三，实证研究。实证研究是完全基于客观事实给出的现实答案，也是对经济现象内在逻辑的描述。本书的研究以当前已有的 PPP 相关数据为基础，以 PPP 现金流计量法模型为主要定量实证研究方法。在 PPP 项目风险分担的研究中，本书使用蒙特卡罗模拟对 PPP 风险分担策略效果进行评估。而在 PPP 对地方政府债务风险化解作用的研究中，本书则主要使用固定效应模型作为实证研究工具。

第 2 章　文献综述

2.1　PPP 项目的风险

现实中任何项目皆存在风险。风险无处不在，无法完全避免，只有通过不断深入研究，发现风险管控风险才是破解之道。欧盟于 2002 年推出的《PPP 成功指南》认为，PPP 项目的风险是指任何可以影响到项目完成时间、成本和质量的因素，以及相关的事件和影响。长期以来，公共基础设施普遍定性为公共品，无论国内还是国外通常都是由政府主导完成的。特别是在我国的机制体制下，地方政府对各项基建项目几乎拥有全面指导管理的权力。然而全方位的管辖权意味着无限责任制，任何风险造成的损失，无论能否确定直接责任人，都可能由地方政府埋单。较为典型的例子是环保问题，当地方企业对周边环境造成污染时，最终直接责任将追溯至管理企业的地方政府。现实中政府并不是对每一项细节都进行管理和负责，政府也没有能力无限制地对风险进行兜底。PPP 模式对此提供了一个很好的解决方案，风险分担是国际 PPP 项目成功的核心环节之一（蔡今思，2016），对此展开的研究是 PPP 领域的重要一环。

2.1.1　PPP 项目的风险识别

风险识别是对 PPP 项目进行风险管理的重要环节，也是进行风险管理的第一步。邓小鹏等（2009）将风险识别定义为：一种系统地、持续地鉴别、归类和评估建设项目风险重要性的过程。该过程的内容包括对影响项目进展的风险因素、性质及其产生的条件和可能引发的后果进行识别，并基于此评估风险的大小。正确识别风险有利于确定公共部门和私人部门的分担方式和优先顺序。Abd Karim（2011）认为首先应当充分识别各项潜在风险，这是风险分担的基础。风险识别的一个重要目的是搭建并整理出能够清楚展现风险因素外在与内在之间相关关联的层次结构，从而使项目的参与方能够正确地识别风险因素、发现风险来源、把握风险之间的相互关系（乌云娜等，2013）。由此可见，风险识别并不是单纯地堆积和罗列各项风险因素，还需要整理并将这些风险因素放入一个框架结构中，发现其中的关联，进行综合管理。

回顾国内外文献可以看出，学者们采用多种不同的方法对 PPP 进行风险识别。目前最为常用的是统计分析方法，对以往的案例进行分析找出共同特点，识别出 PPP 项目的风险。Grimsey 和 Lewis（2002）参考传统基础设施类项目风险，结合 PPP 项目的特点总结出至少 9 种风险，包括技术风险、建设风险、运营风险、收益风险、融资风险、不可抗力风险、政治风险、环境风险、项目失败风险等。Song 等（2013）考察了 40 个采用 PPP 模式的垃圾回收项目案例，共识别出 10 种风险：政府决策风险、政府信用风险、法律风险、技术风险、合同变更风险、环境风险、公众反对风险、原材料供给风险、支付风险和收入风险。亓霞等（2009）是国内较早对 PPP 项目的失败案例进行总结的学者，他们的研究回顾了 PPP 项目发展 20 余年中的 16 个典型案例，总结出 14 项风险因素，具体包括法律变更、审批延误、政治决策失误、政治反对、政府信用、不可抗力、融资、市场收益不足、项目唯一性、配套设备服务提供、市场需求变化、收费变更、腐败等。凤亚红等（2017）对比分析了国内 20 余个 PPP 项目的发展历程，认为 PPP 项目运作成功与否，可由区域层面、企业层面、项目层面这三个层面反映。问题的表现形式较为宏观，包括机制体制的设定、项目适用性等方面。此类研究将 PPP 项目的主要失败原因归纳为政策或者政府的失误，换言之，这些风险并没有通过将有关项目从传统政府采购模式转变为 PPP 模式而合理地加以分担。避免该类风险的主要办法仍然是加强有关制度建设，加大对地方政府官员的法治建设培训力度，增强其契约精神。

基于多种理论分析和文献基础，一些研究采用了文献分析法，尝试找出 PPP 项目的共性，识别出风险的最大公约数。Ahwireng-Obeng 和 Mokgohlwa（2002）将风险分为投机风险和非投机风险两类，投机风险包括商业风险和非商业风险。其中商业风险被定义为经营中产生的风险并且能被企业所影响，如经济风险、市场风险、金融风险、技术风险等。非商业风险则通常是在企业控制能力以上的风险，如政治风险和国家风险等。Shen 等（2006）通过文献分析，将风险划分至不同领域：项目相关风险、政府相关风险、项目公司相关风险、设计相关风险、承包商相关风险、咨询公司相关风险、市场相关风险等，并以香港迪士尼乐园为例，介绍了当时的政府方与迪士尼公司共同识别的 13 种风险。Medda（2007）认为交通运输投资领域的主要风险包括技术风险、商业风险、政治风险、经济金融风险，其主要依据是过往的经验表明以上 4 类风险可能产生的损失占整体成本的比例较大。我国部分学者也采用了此方法，张曾莲和郝佳赫（2017）总结认为，PPP 项目中的风险因素可以有不同的分类，如按风险性质分为主观风险和客观风险，从风险分担的角度分为 PPP 项目主体风险和 PPP 项目客体风险。范小军等（2004）对大型基础设施融资项目采用层次分析的方法，将融资风险归纳为 7 个大类和 33 个具体指标，包括信用风险、建筑和开发风险、市场和运营风险、政治风险、金融风险、法律风险、环境风险。这与现代 PPP 项目的分类基本相同。张亚静等（2014）基于文献和案例识别出 12 种风险，并通过专家调查方式对结果进行了论证。

　　虽然大量的统计分析能够总结总体趋势，但对个体案例进行分析可以提供更为详细的风险识别内容，在相关领域和方法上更具有针对性。Ng 和 Loosemore（2007）通过对悉尼一项轨道交通项目进行研究，认为风险可以简单地分为两类：一般性风险和项目风险。一般性风险是与项目无关的由外界因素造成的风险，包括自然灾害和政治因素等；项目风险则是内生性地产生于项目之中的风险，取决于项目的操作和决策。Arndt（1998）对墨尔本交通项目进行了回顾，识别出政府和私人部门中的设计与建设风险、运营风险、市场风险、出资人风险、网络风险、主权风险、外部风险等。柯永建等（2008）考察了英吉利海峡隧道失败案例后分析识别出政治风险、建造风险、运营风险、市场收益风险 4 种主要风险。案例分析法能够针对某一个体进行细致研究，但不同地域和行业的项目具有自身的特殊性，对于整体 PPP 发展方向的指导存在局限，可能更多地适用于管理经验的积累。

　　由于方法、数据等原因，早期的风险评估通常未进行定量分析，不少研究以问卷调查作为研究方法，这也是当前识别风险较为便利的方式之一。例如，Wang 等（2000）将政策变更、腐败、延迟审批和土地征用等政策风险以及如自然灾害等不可抗力作为关键风险，对 40 名参与或了解我国 BOT 项目的高层人员进行了问卷调查。邓小鹏等（2009）通过对 PPP 领域的专家学者发放问卷，对 41 种可能相关的风险进行调查，最终识别出 20 种主要风险。此外，为了能够更有效地解决问卷访谈人的主观问题，一些研究选择与其他数学模型相结合的方法。孙荣霞（2010）使用大型工程项目中常用的霍尔三维（时间维、空间维、知识维）模型，对 PPP 项目的融资模式进行了系统分析。邓小鹏等（2008）结合 WBS-RBS 分析方法、文献分析、案例分析 3 种方法识别了 PPP 模式下的 43 种风险。

目前文献中较为流行的风险识别参考方法是 Bing 等（2005）所使用的分类方式，该种方法由于分类层次较多、识别较为详细而备受推崇。该研究将 PPP 项目风险分为 3 个层次：宏观风险、中层风险、微观风险。其中，宏观风险被界定为完全的外生风险，风险的产生与项目无关；中层风险是内生的风险，与项目的整体有所关联；微观风险同样被定义为内生的风险，但与中层风险不同，这些风险的发生主要是与项目的具体部分相关而不是整体。Bing 等的划分十分详细，在 3 个层次上确定了风险的 12 个主要类型，并下设 47 个具体的风险点。

风险识别的方法各有所长，但是本质性的方法万变不离其宗，主要是基于人们对项目的发展和结果给出的主观结论。当然，只有能意识到的风险才能被识别出来，经过长期的总结，针对普遍性的风险已经基本研究到位。但是对不同形式 PPP 的研究仍有待加强，如政府付费和使用者付费机制下的不同之处通常没有被考虑。

2.1.2 PPP 项目的风险评估

风险评估是风险管理中的第二个环节，对已识别出的风险作出客观评估，掌握风险敞口规模、风险发生概率等是控制风险的前提。结合风险评估的特征和 PPP 模式的特点，PPP 项目的风险评估方法主要有 3 种：问卷调查法、层次分析法和模型法。

问卷调查法因可操作性强，无论在实践中还是研究中都是较为主流的方法。Lyons 和 Skitmore（2004）向包括专家学者、工程人员、私人部门的 44 名 PPP 从业者发放问卷，对各项风险种类和控制方法进行了定性评价。Chan 等（2010）在我国的 PPP 专家学者中进行问卷调查，主要就能促使 PPP 项目成功运行的 18 个关键因素进行评价，结果表明：宏观经济、政府和社会资本的风险、采购阶段的效率和透明度、社会政治环境、政府政策异质性是主要的因素。张亚静等（2014）对识别出的 12 种风险进行问卷调查，利用回收的 294 份样本对风险的影响程度进行打分评价，随后将风险分类为 4 个独立的综合因子，并对影响程度进行了排序。Chung 和 Hensher（2015）在收费道路的 PPP 项目研究中，采用问卷调查法进行风险评估，问卷调查对象十分广泛，包括来自 32 个国家的约 100 名专家，随后使用离散选择模型将有关结果量化为风险指数。

层次分析法也是 PPP 风险评估中的主要分析方法之一，其融合了定量分析方法的优势，使最终结果更具有客观性。Zayed 和 Chang（2002）使用层次分析法获得重要风险的量化数据并构建了风险指标 F 作为评价模型，对 BOT 项目进行分析。Zhang 和 Zou（2007）采用模糊层次分析法构建了针对大型联合项目的风险分析框架，随后对河北的高速路项目进行了案例分析。张玮和张卫东（2012）介绍了网络层次分析法在 PPP 项目中的应用，构建了东南亚一项水利 PPP 项目的风险评估模型。王蕾等（2017）则是在建立博弈模型的同时，使用网络层次分析法对项目属性、合作机制、风险属性、风险控制等 5 类因素的风险比重进行测算和修正。刘亚臣等（2014）结合经验案例，对廉租房 PPP 项目的 5 大准则和 16 个重要指标，采用 AHP 方法并结合评价灰类方法构建模型。张萍等（2015）运用层次分析法确定了 PPP 基础设施融资风险的要素权重，加以两级模糊评价法，给出了融资风险的定量结果。

当然，许多擅长数学模型的学者针对风险研究也构建了多种不同的模型，但是目前尚未形成公认的主流风险评估方法。Rode 等（2001）将蒙特卡罗模拟运用到风险评估，认为使用蒙特卡罗模拟可以将政治、技术、经济等影响纳入风险考虑中，并对一个核电站项目进行实证分析，结果证明蒙特卡罗模拟更加有效。Liu 等（2009）对我国南部的一座污水处理站使用蒙特卡罗模拟并结合现金流折现模型对资金风险进行了评估。也有的文献采用其他模型或多种方法进行研究。乌云娜等（2013）对 10 种不同的风险进行了识别，并用 ISM-HHM 方法构建了 PPP 项目风险因素的关系框图。戴大双等（2005）结合计算现金流的方式，对原材料供给风险、需求风险、通货膨胀风险、利率风险、汇率风险分别构建了风险模型，并将各项风险损失相加得出综合风险。高武等（2016）综合多种调查模式，通过设定风险效用函数建立了多维互动组合风险评估模型，对社会损益和个体主观的外部负作用进行了评估。李妍和赵蕾（2015）采用德尔菲法调研并使用风险因素比较矩阵计算，认为在融资阶段融资的可行性是最重要的因素，其次是经济风险、政治政策风险、自然风险和合作关系风险。

问卷调查法是较为简单和容易操作的评估方法，不过其存在的问题则是较为主观，并且可能随项目不同、受访者从业类型的不同而发生变化。层次分析法通过数学模型进行了大幅度改进，作出了更为科学的分析，但方法中需要的权重等因素同样多基于调查问卷或其他较为主观的方法给出，因此仍受到争议。其他一些评估方法由于较为复杂、应用人数较少，没有成为主流的参考方法，不过对于 PPP 风险评估仍有较多的可借鉴参考之处。

2.1.3　PPP 项目的风险控制与分担

风险的控制与分担是 PPP 模式优于传统政府采购模式的地方，也是 PPP 模式能够优化风险的关键环节。相较传统的仅有政府投资管理的项目，PPP 通过社会资本的参与将风险适度分担，通过科学合理的磋商，以双方共同认可的方式分担风险，达到了风险分担的最优配置。

一个良好的风险分担策略可以为项目整体带来多种优势。Grimsey 和 Lewis（2002）认为 PPP 模式通过项目收益回报的激励方式引导私人部门进入，将一定的风险分担给它们，实现物有所值的目标。国外早期一些学者，如 Irwin 等（1997）、Kerf 等（1998）和 Lam（1999）等认为，合理的风险分担需要考虑公共部门或私人部门吸收风险的能力和对管理风险的激励机制，最终达到降低项目全生命周期成本的目的。国内学者吴卓瑾和乔宝云（2014）指出，公共服务事业一般具有初期投资金额多、建设时间长的特点，在投资上可能分担较多风险，PPP 模式将风险分担至最适合分担的部门，从某种程度上降低了政府隐性债务发生的可能性。

每个项目尽管各不相同，但风险分担通常需要有基本原则作为纲领性指导，对此国内外政府、国际金融组织和大量研究给出了较为相似的结论。世界银行（2003）提出了两条主要风险分担原则：其一，风险应当由最能影响和控制风险的一方分担；其二，风险应当由所造成的损失最少的一方分担。澳大利亚政府提出 PPP 的核心特征是把"需求风险"分担给参与 PPP 的企业。Ford 和 Poret（1991）认为，在合适的激励条件下，私人部门可以表现出比公共部门更好的效率从而达到物有所值的目标。Ahwireng-Obeng 和 Mokgohlwa（2002）认为非商业风险应当由公共部门分担，而私人企业主要分担商业风险。Ng 和 Loosemore（2007）同样认为风险应当分担给最有能力的一方。国内学者张曾莲和郝佳赫（2017）提出合理的 PPP 项目风险分担应当有 4 项基本原则：公平原则、有效控制原则、风险对等原则、风险上限原则。刘新平和王守清（2006）则更简练地给出了 3 条原则：一是由对某项风险控制最有力的一方管理该项风险；二是分担风险需要获得相对应的回报；三是风险的分担应当有上限。也有学者提出，针对风险的研究不只是某些一概而论的原则，如 Abednego 和 Ogunlana（2006）认为针对风险的分析不能简单地局限于"谁"承担"什么"风险，而需要考虑在"什么时候"以及"如何"去合适合理地承担风险。贾康和孙洁（2009）

指出，通过合理分担而使项目整体风险最小化的方式，比公私双方各自风险最小化的方式，更能够解决 PPP 项目中的风险问题。目前实践中的 PPP 合同主要参考财政部《关于推广运用政府和社会资本合作模式有关问题的通知》。该文件认为，PPP 项目风险的主要分担原则是"风险由最适宜的一方来分担"。宏观的政策风险由公共部门分担，中层风险主要由项目公司负责，微观的操作经营风险根据合同协议由合作双方共同负责。

总体来看，学界对 PPP 的风险分担原则已经形成共识，在实践中需要遵循这些原则，根据项目的性质和实际状况灵活应用。正如许多学者所指出的那样，一些外在因素可能会影响项目风险的分担。Chen 和 Hubbard（2012）从政府和社会资本关系的角度进行了研究。一方面，政府拥有的权力可以影响风险分担，而社会资本则没有能力；另一方面，东西方的制度背景不同也产生了影响。Ng 和 Loosemore（2007）指出，PPP 项目普遍时间较长，甚至可能达到 35 年，因此，私人部门会要求更高的溢价来补偿风险。柯永建等（2008）认为，在收益较弱的项目中，政府常常为了项目的财务可行性而放弃部分收益权，但此时政府可能分担超额损失，双方应当以积极的态度去应对。Jin 和 Zhang（2010）建议政府与社会资本双方的决策者在分担风险时考虑到合作方的风险管理方法、相关合作历史情况、风险管理承诺、风险管理环境的不确定性。周小付和萨日娜（2016）归纳了影响 PPP 项目风险分担的 3 种因素：风险的原始责任、风险管理成本、交易成本和风险偏好。同时，风险控制可分为两种，其一是风险共担，其二是风险共享。风险分担在理想情况下为一次分担，但是事实往往与理论不同，因此出现了风险的二次分担。风险共享则是基于 PPP 项目具有责任主体多元化、主体间风险管理能力互补、安全网络功能、风险组织等特征而存在的。

对于风险分担方案，当前的研究存在多种不同的方法，早期较多采用的是问卷调查法。Bing 等（2005）通过对英国 PPP 项目的监管机构、负责人等发放问卷，了解不同部门人员对风险分担的看法。调查结果显示，由项目整体内生的中层风险被认为是 PPP 项目的主要风险，并普遍认为应当由私人部门承担。Ke 等（2010a）在该方法基础上使用德尔菲法对中国、中国香港地区和希腊 3 个地区进行调研，发现中国和中国香港地区的受访者认为公共部门和私人部门需要同时分担微观层面的风险，而希腊的受访者则更倾向于由私人部门分担微观层面的风险。Ke 等（2010b）再次使用德尔菲法对我国 PPP 项目的学者和参与者进行调查，对共计 37 种风险的主要分担对象进行倾向性打分，总结出了公共部门、私人部门自担以及双方共担的风险类型。

PPP 项目中的风险可以视为一个微观层面的双方博弈，因此不少研究选择通过博弈模型进行风险分担方案的研究。Medda（2007）使用仲裁博弈模型进行分析，模型假设两个部门分别有不同的风险偏好，最终风险厌恶程度更高的一方会给出更合理的提议并被仲裁者采纳，但是当担保价格超过了损失费用时，风险厌恶程度相对较低的一方的建议会被采纳。王雪青等（2007）对合作双方构建了带有风险偏好的收益成本函数，利用风险分担博弈模型求解后发现，当双方分别分担自己风险偏好系数最大的风险时，合作的整体满意度是最高的。吴孝灵等（2013）借助诱导机制和激励思想建立博弈模型，对政府的风险补偿和项目收益进行了分析，认为随着项目运营风险增加，政府对社会资本的补偿会逐步增加，但敏感性会逐步降低；当收益较小时，政府补偿对风险较为敏感，而收益较大时则不敏感；此外，风险补偿随着特许收益的增加而减少。政府可以通过购买各项保险的方式分担风险，也可以通过购买项目产品和服务的方式降低社会资本的运营风险。何涛和赵国杰（2011）基于随机合作博弈模型搭建了风险分担分析模型，通过拉格朗日方程计算合作方风险偏好与权重的关系，得到最终风险分担方法。王颖林等（2013）使用风险偏好博弈模型构建博弈支付矩阵，并基于纳什协商对策方法，给出了不同风险收益下分担的比例原则。

此外，还有多种不同的研究方法丰富了 PPP 项目的风险控制理论，为研究提供了许多不同的观点。张曾莲和郝佳赫（2017）通过回顾已有文献，分析不同文章的定性结论对风险分担进行打分，将风险分担设置为以下几类：政府最主要分担、政府主要分担、政府与社会资本共同分担、社会资本主要分担、社会资本最主要分担。有学者从逻辑推演的角度进行分析并给出 PPP 风险分担方式。邓小鹏等（2008）认为政府分担宏观方面的风险，社会资本分担非系统风险中的融资风险、建筑和运营期间的大部分风险，其他风险则由双方共同分担。刘薇（2015）指出，具体而言，项目设计、建设、融资、运营维护等商业风险原则上由社会资本分担，政策、法律和最低需求等风险由政府分担。也有一些学者采用其他算法进行尝试。例如，郭健（2013）将政府担保 PPP 项目的收益看作一种欧式期权，利用Black-Scholes 期权定价模型测算出不同情况下政府担保水平和双方收益分配的最佳比例，并以交通项目为例，对 PPP 项目风险控制进行分析。Chou（2012）使用均值分析和验证性要素分析法计算了中国台湾地区铁路 PPP 项目风险因素的重要性，并给出了风险分担模式。该研究同时将铁路项目与其他基础设施项目进行对比，发现两者的分担模式基本相同。Jin 和 Zhang（2010）采用人工神经网络模型对 PPP 项目风险分担决策进行刻画，并与向多个产业专家问卷形式和多元线性回归模型对比形式进行比较，结果证明神经网络同样具有决策有效性。巴希等（2013）利用粗糙集理论确定风险权重，构建风险指标体系，随后采用理想点排序法对风险进行分担。该研究通过问卷调查的实证分析给出了 7 种情况下公共部门风险与私人部门风险偏好不同的分担方案。尹航等（2015）将遗传模拟退火算法与粗糙集理论结合，构建了风险分担计算流程。

不过，一些学者认为 PPP 项目的风险并没有完全正确的分担方式。Vega（1997）认为 PPP 项目的风险分担没有最正确的答案，也不存在完全相同的模式，应当依据不同项目来确定。Arndt（1998）指出很难分清楚哪一方能够最优地管理风险，这需要依靠透明和公平的系统环境并且随着项目运行而不断调整。张水波和何伯森（2003）则认为 PPP 的风险分担没有绝对固定的原则，操作中应在遵循基本共识的基础上，根据实际情况进行分担。该研究认为基本共识包括：由恶意行为或渎职方负责；由保险购买方承担；由最大受益者承担；由预见和控制能力强者承担；由直接受害者一方承担。

部分学者对 PPP 项目的风险共享能否降低风险仍持怀疑态度。Moore 和Muller（1991）认为公司合营模式程序烦琐、项目时间长，私人部门承担公共品的建设反而会加重风险并造成损失，最终增加社会付出的成本，同时较高的成本使得小公司无法参与到实际的竞标中。Jones（2002）同样对PPP 项目最终能否降低风险持有怀疑态度，认为风险最终会反映到实际的服务费用中。Farquharson 和 Yescombe（2011）指出，许多国家的政府过于强调风险分担的特点，从而在初期让社会资本方分担过多的风险，这样的结果是，项目进入运营期后不得不对风险条款进行更新和重新谈判，从而增加了项目成本。

当前对于 PPP 项目风险分担的研究相对较为全面，分担的主要原则较为成熟，风险最优承担能力和项目整体实现物有所值是基本共识。在此基础上，运用包括问卷调查、博弈模型的主要方法和工具进行计算和评价。不过一些研究可能存在的问题是模型及结论过于理想，在实践中，政府在经济体中的特殊地位和拥有的特殊权利，往往导致无法实现预期的理想化分担。当然，这需要法律法规、管理能力等多方面因素的共同推进。

2.2　PPP 模式与地方政府债务风险

2014 年，国务院在《关于加强地方政府性债务管理的意见》中提倡使用 PPP 模式，由此可以看出 PPP 的诞生与地方政府债务关系密切，化解地方政府债务风险是 PPP 的重要政策目标之一。在展开对 PPP 模式的研究前，我们同样需要对地方政府债务的情况进行一个简单的回顾，理清两者之间的关联。

2.2.1　地方政府债务

地方政府债务已经成为公共部门低成本、有效的融资手段之一。私人部门利率和借贷额度约束了个人的行为，而金融部门受到法律、市场竞争、机构监管、行业规范和内部控制等多方面约束。公共部门则与以上两者有根本区别，其本身是货币发行权的唯一合法拥有者，可以通过发行货币解决债务问题，而对于通货膨胀，政府面临的唯一代价就是政治成本（龚强等，2011）。因此，政府的借债行为需要内部因素进行约束。政府借债的原因主要有 4 种：首先，以当前税收为主要收入的各级政府要承担公共支出融资的责任，但这并不符合代际公平原则；其次，在经济快速发展的过程中，使用借贷的公共投资会更加经济，同时其成本也相对更低；再次，财政的收支在不同年份难以完全匹配，在某些年份可能出现盈余与赤字的情况，而借贷的存在为政府提供了平滑短期财政收支缺口的工具；最后，当中央政府不再选择救助地方政府的债务时，地方政府债务反映了当地的财政表现，只有遵守良好的财政纪律才可能以较低的成本进行融资，进而约束地方政府行为（Swianiewicz，2004）。一些地区的发展仅仅依靠地方财政可能会导致地方发展的不均衡，这时就需要中央政府的调整，包括诸如转移支付等手段。但这一问题导致了政府债务中的两个主要问题：公共池和预算软约束。公共池将各地税收统一放在一个池子中进行调控，在好的情况下各地可以均衡发展，充分使用资金并解决发展不平衡问题，但是这也可能会引发道德风险（Collins，2002）。例如某个地方是转移支付接受地区，本地财政支出大于收入，政府承担公共建设过程中的"自有资金"仅占少部分，这种不完全的责任会导致过度支出的现象（Persson 和 Tabellini，2002）。Keen（1998）指出，在分税制情况下，中央政府与地方政府的税源有较大的重叠，存在一定外部性。Wilson（1999）认为地方政府会为从中央政府手中争夺税收而过度征税。

研究地方政府债务首先要明确统计口径并按定义进行分类。从类型上看，不同学者对于债务的分类方法略有不同。刘尚希和赵全厚（2002）使用财政风险矩阵方法将政府债务划分为4种主要类型：显性直接债务、隐性直接债务、显性或有债务、隐性或有债务，并对它们的规模进行了估计。顾建光（2006）对国内地方政府债务的形成渠道进行了归类：第一种是中央政府债务转化为地方政府债务；第二种是中央财政对地方财政的项目贷款；第三种是财政体制因素形成的地方政府债务；第四种是地方公共债务转化为地方政府债务；第五种是因承担道义义务而形成的地方政府债务。毛捷和徐伟军（2019）梳理了地方债的统计口径，地方债从狭义上看是自发自偿的债务，而从广义上看可能进一步包括地方政府有担保或救助责任的有关债务、隐性债务，如社保资金缺口等方面的公共缺口和风险支出。

从债务的形成机理看，造成地方政府债务规模不断攀升的原因主要有以下几个方面。

首先是职责与财权的不匹配。自1994年分税制改革后，地方政府面临"财权上交，事权下移"的新情况，一般性财政收入压力增大，大量地方政府急需扩大融资渠道。2011年审计署报告统计，2008年至2010年政府性债务余额增速分别高达23%、61%、18%。而最近一次公开的审计报告（2013年）显示，2013年6月底全国政府性债务已达到20万亿元，较2010年底增长10万亿元。贾康和白景明（2002）指出在分税制下，中央集中财权是普遍做法，但是事权下移成为主要矛盾，甚至经济发达的区县也难以适应；同时，政府从中央到基层级别较多导致税收分工复杂，当期存在的20余项税种在5个政府层级之间分配是世界少见的划分难题；此外，一些支出标准的繁杂与落实不到位也增加了财政困难。龚强等（2011）认为，在"财权上交与事权不匹配"的模式下地方政府需要分担大部分支出责任却财力有限，不匹配的财权和事权是地方政府负债不断增长的关键因素。在分税制下，区县难以做到收支平衡，因为这种制度的前提条件是每一个地方的资源环境情况完全相同，但根据现行法律法规和政策，不少地区土地受到保护而无法开发；一些地区因产业结构而无法获得足够税收，从而导致为增加收入而放任大量粗放型生产项目出现（刘尚希，2009）。杨十二和李尚蒲（2013）认为政府掌控了大量的固定资产投资，2010年国内固定资产投资的38.8%来自政府，基础设施等大量门槛高、投资回收时间长的项目仍然是由政府和国有企业完成的，这种通过政府投资拉动经济增长的模式已经逐步固化。孙秀林和周飞舟（2013）发现在分税制改革后，主要有两个激励因素影响了举债决策：一是"财权上交，事权下移"，促使地方通过多重手段拓展收入来源填补缺口，这是发展中国家共同面临的激励；二是以经济发展为目标的官员晋升考核机制，促使决策者有动机举债拉动经济建设，这是大国在特定背景下独有的个性化激励。但是，时红秀（2010）认为，上述理论成立需要满足两个条件：一是地方政府借债应当主要用于一般行政事务支出和经常性支出；二是收入越低的地区负债越多，但现实情况并非完全如此。事权下移造成地方政府责任过多，一些研究从政府责权角度进行研究，认为政府承担了本可以交给市场的责任。刘尚希和于国安（2002）认为政府承担了许多本应当由市场自我配置解决的责任，这些事务需要由政府付出资金加以推动，在收入不足、融资渠道有限的情况下，只能通过各种规避手段进行融资，从而导致了债务的出现。时红秀（2010）认为各级政府因自身特有的资源而承担了国家发展引擎的角色，在各种经济冲击、不可抗力的自然灾害发生时，发挥了稳定国民经济的作用，但这一机制的副作用是造成产业结构不易调整、发展方式转换困难、债务大量积累等问题。

其次是预算软约束。在当前体制下，地方政府直接决策投资项目并对其负责，如果经营失利，在地方财政收入并不充足的情况下，只能由中央财政进行兜底，由此产生预算软约束（龚强等，2011）。时红秀（2007）将国内的预算软约束分为3种：本地区群众在地方政府融资时无力反应形成的软约束；受领导层下达招商引资和化解债务风险两者相互矛盾的任务所造成的软约束；地方政府融资平台等融资机构无法破产引起的软约束。杨十二和李尚蒲（2013）认为地方政府的软约束可以分为两种：政策性软约束，即地方面临"资源不足、事权不减"的发展矛盾，这是其过度举债的主要事由；官员任期软约束，即在任期内突出本人政绩会引发官员过度借债的道德风险。陈健（2007）认为地方政府官员在"政绩锦标赛"中有强大的动机进行举债却不完全在意投资能否带来正回报，并提出了"多而不倒"的理论，该理论认为当过多的地方政府和机构共同参与并导致了地方债问题，中央政府即使有能力查清事实，也无力大面积处罚，出现法不责众的局面，而中央政府因顾及经济发展只能采取"抓典型"做警示的方法，使地方预算软约束成为屡禁不止的现象。马金华等（2012）从博弈论视角分析中央政府、地方政府和银行三者对于偿还债务的行为，分析认为只有在银行迫不得已的情况下，最优策略是不向地方政府催缴还款，否则可能分担更多损失，这一行为促使地方政府趋向于扩大债务。王永钦等（2016）则通过研究当前城投债定价效率分析预算软约束，市场认为中央政府最终会援助地方政府，于是忽略了违约的风险因素，只有硬化约束才能使债务市场约束地方政府投资负债行为，也才能令债务评级体系和信息披露发挥作用。

此外，融资平台债务也是地方政府债务风险的重要组成部分。相关研究较为丰富，魏加宁（2010）将"地方政府投融资平台"定义为：由地方政府及其部门和机构等通过财政拨款或注入土地、股权等资产方式设立，承担政府投资项目融资功能，并拥有独立法人资格的经济实体。地方平台大量违规操作，运作机制不透明，没有足够的监管和自我约束机制，可能引发大量风险（刘煜辉和张榉成，2010）。融资平台资金所投项目一般具有周期长、资金量大的特点，这将导致借款银行拥有过多的长期贷款，在银行逐步履行巴塞尔协议的大环境下，容易造成流动性风险和信用风险（肖耿等，2009）。不过随着约束性政策的出台，地方平台的作用逐步弱化，其参与地方政府财政的方式和渠道也将有所改变，将不再成为地方政府债务风险的主要来源。

有学者认为宏观经济政策可能拥有影响地方债务的外部性。魏加宁（2010）认为2009年的经济刺激政策促使大量融资平台生成，资金迅速聚集于此，造成了债务的积累。但时红秀（2010）认为全国融资平台的债务总量远远超出经济刺激计划需要的资金量，宏观政策并非主要原因。

对此提出的解决方案多是围绕化解债务风险和增加预算透明度展开的。李扬和张晓晶（2015）认为管理地方债务的短期目标策略包括：限制地方政府对无现金流的基础设施进行债务融资，并通过其他正规渠道进行替代；通过债转股、延长负债周期等多种形式重组债务，缓解流动性风险；分配合理的资金用于偿付坏账。姜子叶和胡育蓉（2016）提出应当明确地方债务举债的主题，让债务显现出来，同时增加预算透明度，让用于偿债的现金流体现在预算中。

政府责任、预算软约束和融资平台三者虽然表面上不与 PPP 直接相关，但是从关联性上看却是无法分割的。PPP 项目如果严格按照规定执行在实质上可以解决预算软约束问题，将支出安排划入预算计划，但各种违规渠道也可能因此产生，这将在后文中进行分析。而地方融资平台问题则是在"关后门，开前门"中关闭的主要后门，接以 PPP 模式规范化运作。

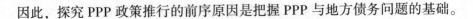

因此，探究 PPP 政策推行的前序原因是把握 PPP 与地方债务问题的基础。

2.2.2 PPP 模式与地方政府债务的风险

PPP 模式设立的初衷是降低地方政府债务规模，化解与防范债务风险。根据我国新修订的《预算法》有关规定，地方政府不允许通过地方融资平台获取资金，所有相关城投等金融公司均需要与政府脱钩。在关闭了融资平台后门的同时，前门如何打开是关键。目前，全国人大对全国地方政府债务划定了总数。会同财政部门，根据地方政府申报项目的重要性将债务总体数额下拨至各省（自治区、直辖市）。但相较过去的粗放式发展，各地分配的债务数额远不及过去的融资规模。因此，PPP 项目的开展是切实需要的。从这个角度看，PPP 模式实质上是将政府通过平台获取资金而出现的表外隐性债务呈现在表内，通过 PPP 公开透明的模式进行支付，以约束地方政府行为。《关于对地方政府债务实行限额管理的实施意见》规定，对各地方政府债务进行限额管理，禁止融资平台公司扮演的政府融资功能，推动有经营收益和现金流的融资平台公司市场化转型改制。在此背景下，PPP 是化解地方政府债务风险、减缓地方政府债务增速的有效方法（李丹和王郅强，2019）。20 世纪 80 年代，世界范围内中等收入的发展中国家，同样遇到过债务危机，为化解债务风险推动经济增长，土耳其使用 BOT 方式建设核电厂，该做法也被其他国家效仿（刘薇，2015）。

PPP 模式主要通过以下几个途径来化解地方政府债务风险。

一是硬化财政约束。PPP 模式令财政信用有限介入或不介入融资安排，地方政府支出受到更多约束，促使地方债务向规范化方向发展。这意味着 PPP 可以有效控制因实施项目而产生的中央或地方财政或有预算约束和隐性债务风险（张勇，2015）。

二是缓解财政压力。大多数公共品都拥有投资规模大、投资周期长、短期无法产生正收益的特点，并且从投资到正常使用需要一定时间。张勇（2015）认为，在政府付费机制下，政府节省了投资到设施运营期间的融资利息；在使用者付费的模式下，政府则可以不承担任何支出；在可行性缺口补贴的模式下，政府补贴也非一次性到位，缓解了流动性压力。吴卓瑾和乔宝云（2014）认为，PPP 属于一种特殊的融资方式，在政府不能增加直接负债的情况下更容易在当期分担项目。不仅如此，PPP 项目通过市场化的招标方式，将以往具有门槛的行业向民营企业开放，提供了更高效的合作模式，共同承担不断提高的公共基础设施需求压力，盘活存量公共项目，合理转嫁相应风险，最终达到降低债务的目的（缪小林和程李娜，2015）。

三是提升资金使用效率。根据准公共品有关理论，准公共品应由政府和使用人员共同分担（曾晓安，2014）。PPP 模式引入私营机构参与，并以多种定价模式向公众收费产生收益，能更加准确地反映公众与政府两者对成本的分担比例。李升（2019）认为，当前地方政府的主要融资方式分为地方债、城投平台债务和 PPP 模式，在新修订的《预算法》出台后，PPP 模式和地方债成为明面的实际融资模式，PPP 模式是地方债务投资基础设施不足的有效补充。

但是对于 PPP 能否化解地方政府债务，在理论和实证两个方面均存在不少争议，一些学者认为 PPP 模式可以降低地方政府债务规模。吴卓瑾和乔宝云（2014）认为 PPP 属于一种特殊的融资方式，在政府不能增加直接负债的情况下更容易在当期分担项目。PPP 项目通过市场化的招标方式，将以往具有门槛的行业向民营企业开放，提供了更高效的合作模式，打破政府垄断从而节约了财政成本，最终达到降低债务的目的。缪小林和程李娜（2015）认为地方债务风险对地方政府带来的损失或危害的本质是债务资金低效率的表现，因此，解决地方债务风险的核心方法是提高债务资金的配置效率，PPP 模式便是提高资金效率的方法。不少学者持反对观点，认为 PPP 项目最终导致隐性债务的生成。郑杰和昝志涛（2019）认为 PPP 项目融资渠道隐蔽性强，成为地方政府违规举债的新途径，同时地方政府过于强调 PPP 模式的融资职能而忽视了风险分担和连带责任，因此 PPP 项目反而增加了地方政府的隐性债务。赵珍（2018）认为部分地方政府只求数量不求质量地快速推行 PPP 项目以及大量不合理的资金计算方法，最终会造成隐性债务。

从实证的角度来看，PPP 对化解地方政府债务的作用也存在不同的结论。姚东旻等（2019）通过对全国各省、自治区、直辖市的地方政府债务进行研究，发现短期内浙江、陕西、北京、重庆 4 个地区在 PPP 政策出台后自身债务流量反而出现大量增长。从长期来看，全国各地地方债务均没有表现出因 PPP 模式的推出而化解的现象。魏伟等（2018）认为北京、上海、广东等发达地区 PPP 项目申报入库数量显著少于贵州、新疆、四川等经济欠发达地区，而项目公司中 90% 的资金与政府直接相关，从而推断有关地区背后存在较大"泡沫"，可能引发新一轮地方债务增长。

从理论上看，PPP 承担了过去地方债务的资金作用，将债务存量和流量置于明面管理，为控制债务风险作出了积极贡献，具有化解地方债务风险的效果。但是相关的理论研究仍然较少，对相关结论的实证研究相对较为基础和简单，需要进一步评估。与此同时，反对意见和对隐性债务担忧的观点却更加丰富。

2.2.3　PPP 模式与地方政府隐性债务及或有债务

当前针对隐性债务和或有债务的研究主要基于传统的债务来源，与PPP 相关的研究仍然较少。其中，不少研究对隐性债务和或有债务没有作出明确的区分，因此本书将在尊重文献原文的基础上根据文章内容加以整理。

一些研究从 PPP 角度出发定义有关隐性风险。董再平（2016）将 Polackova（1998）的财政风险矩阵进一步应用于 PPP 项目进行分析，显性直接债务主要为政府长期购买合同、股权投资支出、约定的运营补贴、配套投入等；显性或有债务主要是收益担保合同；隐性直接债务为出于道义和公众期望的项目补贴；隐性或有债务为项目失败后的必要救助。Contreras 和 Angulo（2017）提出在使用 PPP 模式时，在一定条件下对有关基础设施项目的投资一般不被算作政府的负债，但地方政府会通过多种方法和渠道对项目付费或进行融资支持，这可能直接或间接地产生或有债务。李丽珍（2020）认为 PPP 模式下的政府隐性债务包括 4 种，即虚假项目、不合规项目、采用已经明令禁止的 BT 模式的项目、管理和运营出现问题的项目，并从融资机制、回报机制、运作模式、地方政府行为、融资平台参与 5 个角度对政府隐性债务的产生机理进行了探讨。张德勇（2016）总结出了在推广PPP 模式时需要注意的潜在的债务风险：依靠银行贷款进行融资的项目会被银行要求进行还款承诺，地方政府可能提供隐性担保从而产生或有债务；一些 PPP 项目设置过高或不合理的收益率，在运营过程中无法达到，可能由政府对收益缺口进行补贴，从而造成额外支出；部分 PPP 项目失败时，参与方无力应对并承担相应损失，最终由政府介入兜底而产生支出责任。

目前对于隐性债务和或有债务暂未有完全统一的计算标准和方法，部分学者根据自身的判断给出了口径并计算了相关债务的风险和规模。李丽珍（2020）对 2010 年至 2017 年的国内隐性债务进行了分类计算，其中 PPP 融资形成的隐性债务逐年增长，在 2017 年达到 14653 亿元。张明和朱子阳（2018）估计 2017 年地方政府隐性债务为 23.57 万亿元，较 2012 年增长

16.73 万亿元，因为 PPP 项目在 2016 年大量推广，政府隐性债务规模也显著增加。

从产生途径看，研究主要分为 3 个方面。其中最主要的原因是政府的担保责任。Cebotar（2008）认为，每个国家的或有债务表现形式各有不同，但是从整体来看隐性的或有债务影响最大，其中传播最为广泛的是或有债务担保，特别是贷款担保。Sobhiyah 等（2009）认为，确定合理的政府担保范围是十分复杂的，政府担保过多会降低社会福利，增加项目成本，甚至增加政府信用风险，但是过少会让项目难以落地。根据风险偏好，银行普遍愿意将资金借贷给风险较低的项目，但部分 PPP 项目因特殊性运营收入能力较弱，同时信用基础不高，此时政府作为投资主体的担保就变得极为重要，能够缓解此类项目的融资困难（徐玉德等，2019）。政府的担保虽然能够降低项目风险，但这不代表能提供无风险环境（Wibowo 等，2012）。如果项目最终失败，地方政府也将会承担经济和社会福利的损失（Tam，1999）。政府对 PPP 项目的担保对政府而言是隐性债务，不断增长的政府担保会在未来增加地方政府债务，如果没有合适的监管措施，在未来存在被滥用的可能性，例如会过多地对项目进行担保，并且将这些债务留给后任官员（Qin，2016）。然而政府在提供担保的时候并没有意识到会衍生出多少或有债务，因为这些债务只有在发生的时候才会出现（Wibowo，2004）。对此，邓小鹏（2007）认为不全面的信息将导致政府对担保作出错误的决策。郑杰和昝志涛（2019）认为许多地方政府只看中了 PPP 模式的融资功能，但是对于合作双方的责权认识不到位，承担了应当由社会资本方承担的责任，产生了隐性债务。具体来看，Xu 等（2014）认为政府担保项目涵盖了多个方面，主要可以分为政治和法律担保、融资担保、建筑运营担保、宏观经济风险担保 4 个大类，并可细分为 17 个小类，他们还通过文献分析了 10 个 PPP 项目，其中包括 5 个政府过度担保的项目和 1 个担保不足的项目，5 个政府过度担保的方式均为收入保证。

各地违规申报的假 PPP 模式也是造成隐性债务和或有债务的源头之一。PPP 模式自身也可能形成政府隐性债务风险，如"明股实债"、固化政府支出责任、违规承诺、变相政府购买服务等。赵珍（2018）认为，地方政府夸大了 PPP 模式在化解债务风险方面的作用，违背规定的财政承受能力要求和物有所值的基本原则，推动申报大量项目，其中出现了"明股实债"、违规出具承诺函的"伪 PPP"项目。许多地方政府对 PPP 项目的社会资本方作出了固定收益、约定利率或者限期回购等多种承诺（温来成等，

2015），这使 PPP 项目成为借资金给地方政府使用且随后偿还的"明股实债"模式（刘方，2019）。傅志华等（2017）在调研中发现，PPP 项目的大量申报入库使地方政府难以辨别合规项目，使物有所值和财政承受能力评价流于形式并留下风险；一些 PPP 项目逐步变成在一定时期内有一定回报的"明股实债"投资模式，加重地方政府负担。也有地方政府将建设项目包装成"服务"类项目，绕过 10% 的支出红线变相推动 PPP 项目（刘方，2019）。

为了促进 PPP 模式做好做强，中央鼓励各地区使用产业基金投资带动 PPP 模式快速发展。然而不少地方产业基金被违规使用而背离项目初衷，导致隐性债务风险增加。傅志华等（2017）指出各地变相使用 PPP 引导基金，将资本金杠杆率从 3~5 倍抬升至 15~20 倍；地方政府主导 PPP 项目使用政府购买模式突破财政支出 10% 的限制规定，接受领导的财政部门难以制止。虽然国务院明令不允许通过补贴和税收优惠形式扶持企业，而允许使用产业基金通过市场化方式提高财政资金效率，但是实践中地方政府对其他有限合伙人提供了隐性担保，随着各地 PPP 产业基金的不断出现，可能间接扩大了"影子债务"的规模（曾刚，2017）。部分地方政府对产业基金的合作方承诺最低收益也产生了"明股实债"问题（郑杰和昝志涛，2019）。同样，PPP 项目有 10% 红线标准，但《关于在公共服务领域深入推进政府和社会资本合作工作的通知》提出，在符合规定和政策方向的情况下，可将政府性基金预算统筹使用支持 PPP 项目。因此，地方政府可能以政府性基金为渠道在投资 PPP 项目时突破 10% 红线，给地方政府财政支出责任的管理造成困难，带来隐性债务风险（刘骅和方桦，2019）。

针对隐性债务和或有债务的研究是在当前防止地方债务风险产生重大危机的大环境下的必然考虑。在针对每项新融资工具的监管政策设立和实施的同时，使用者就可能会发明出新的规避方法，即所谓的"上有政策，下有对策"。政策需要在实践博弈中不断调整完善。如何进一步加强监管，避免隐性债务和或有债务的过多产生，能否将风险进行合理分担或者进行预先防范，都有待进一步研究。

2.3 文献评述

本章按照项目与债务两个层面对有关 PPP 风险的研究文献进行了梳理，通过回顾已有的文献，我们可以得到以下几个结论。

第一，在项目个体的风险识别上，现有的研究通过多种研究方法已经取得了较为完善和一致性的分析结论，为进一步研究奠定了良好的基础。不过，对于风险因素的分类仍然有可以改进的地方，当采用不同的研究角度时仍然可以将风险细分为不同的类型，这为本书的进一步研究提供了新的思路——尝试采用风险分担的分类方式进行分析。

第二，在风险评估方面仍然有很大的研究空间。典型的问卷调查法因结果难以转化成定量研究，无法成为有效和客观的风险评估方式。若仅仅给出模糊范围的定性结论，项目执行者就拥有了较大的人为操作空间，对政策制定和监管部门而言则缺少了有效监管的理论依据，这会直接导致风险控制与分担措施难以有效落地。一些学者从工程管理的角度运用粗糙集等定量方法进行了研究，但结果不尽如人意，甚至至今都无法知道风险的实际规模是多少，也无从在实践中进行有效管理。因此，本书需要遵循的一个主要思路是尝试提供一个可行的定量研究。

第三，形成地方政府债务的主要原因是地方发展的资金要求的"事权"与融资的"财权"无法同时兼顾，加上预算软约束对地方约束能力不足，必然使地方债务快速增长，最终导致的结果是地方政府债务风险持续增加，可能成为我国经济发展中的重大风险问题。对于如何同时满足地方政府的融资需求又不增加债务的风险，PPP 提供了一个有效的解决方案。然而，当前对于 PPP 与地方政府债务风险的关系仍然存在较大的分歧，学者们给出了不同的结论。一些学者将 PPP 与地方政府债务隐性风险相联系，不过这些研究仍然主要停留在定性分析的阶段，尚缺少足够的实证证据。随着 PPP 监管的逐步趋严，早期对于此类风险的研究结论可能已经不合时宜，因此，进一步确认 PPP 风险的实际情况，是本书需要完成的一项重要任务。

第3章 PPP 及其风险的理论分析

经过十几年的推广与政策支持，我国的 PPP 项目从小规模试验逐步发展到建立起完整的组织架构并进行规范化的运行。对此，学术界从未停止关注，专家学者在理论层面对 PPP 的机制体制进行了广泛研究。随着项目数量的不断增长和实际操作中不断出现的问题，相关研究从 PPP 模式运作方法和优缺点的表层探讨不断对深层次问题进行挖掘。有效评估 PPP 项目风险分担和化解作用的前提是准确把握 PPP 的基本性质，找出其与传统项目的相同与不同之处。沿着这一基本思路，本章将对 PPP 模式的内容、范围进行界定，对 PPP 项目的基本性质进行梳理，同时结合基本理论，对 PPP 的风险分担和化解进行分析，为后文的研究做铺垫。

3.1 PPP 的性质与特征

3.1.1 PPP 的界定

在我国，学术界对 PPP 概念的认识主要来自西方政府为了扩大公共基础设施服务而与社会资本进行合作的基本框架原则。目前学术界对 PPP 的定义主要参考了以下几种解读。世界银行认为，PPP 是公共部门与私人部门之间就提供公共产品和公共服务所签订的长期合同，项目中的重大风险和管理责任主要是由私人部门分担。亚洲开发银行的定义稍有不同，其认为 PPP 是指为了开展基础设施建设和提供其他公共服务，政府机构和私人部门两者间可能建立的一系列合作伙伴关系。英国财政部 2000 年推出的《公私伙伴关系——政府的举措》从 3 个方面定义了 PPP：将私人部门所有制引入国有行业；鼓励私人投资行为，公共部门与私人部门签署长期合同购买相关的商品或服务，充分发挥私人部门的管理能力和技术优势，借用私人部门资金共同发展公共项目；扩展传统公共部门服务的可出售内容，发挥私人部门技术优势和资金优势开发政府资产的商业潜能。欧盟委员会在《公私合作伙伴关系与共同体公共合同与特许法律绿皮书》中指出，PPP 是指政府部门为了向公共基础设施建设提供融资、建设、改革、管理、维护等服务，从而与商业机构进行磋商合作的一种形式。与英国、欧盟略有不同，美国非营利组织公私合作伙伴关系理事会认为，PPP 是联邦、州和地方政府机构与营利公司之间的一种协议。通过该协议，合作双方分享彼此拥有的技术和资产，为社会提供基础设施和服务，同时它们共享项目资源、共同分担项目风险并共同分享服务和设施产生的收益。由此可见，PPP 模式涵盖多种范围，形式多样，是发挥多种优势的合作方式。

目前，无论是我国政府层面还是学术界都尚未对 PPP 模式的定义和范围形成一种准确的共识。例如，财政部出台的《关于推广运用政府和社会资本合作模式有关问题的通知》给出的定义是：政府和社会资本合作模式是在基础设施及公共服务领域建立的一种长期合作关系。通常模式是由社会资本承担设计、建设、运营、维护基础设施的大部分工作，并通过"使用者付费"及必要的"政府付费"获得合理投资回报；政府部门负责公共基础设施及公共服务价格和质量监管，以保证公共利益最大化。国家发展改革委印发的《关于开展政府和社会资本合作的指导意见》对 PPP 的定义是：政府为增强公共产品和服务供给能力，提高供给效率，通过特许经营、购买服务、股权合作等方式，与社会资本建立的利益共享、风险分担及长期合作关系。虽然这两份文件的基本内涵大致相同，但财政部文件更强调政府部门和社会资本之间的分工，而国家发展改革委的定义则偏重于相互合作与提高效率。本书认为，在现行的政治经济体制下，政府与社会资本合作的定义是：政府部门与社会资本为提高社会福利而就提供某一项公共服务所达成的合作模式。本书的研究正是基于这种不同于以往的合作模式展开的。需要进一步明确的是，本书中的"PPP"是对这种合作模式的一个宏观泛指概念。而"PPP 模式"是指为了提供公共基础设施，选择采用政府部门与社会资本相互合作的模式，其重点是强调合作的模式，与之相对应的是传统政府采购模式。"PPP 项目"是指采用 PPP 模式开展的各类项目，重点是指此类型的所有或具体某一个项目。

需要特别说明的是，在以往的研究和政策文件中，无论是学术界还是市场普遍都将 PPP 译为"公私合作""公私合营"等词汇。这一表述方式是根据 PPP 的意思进行直译，准确地表达了名词意思。根据西方的市场理论，Private 即代表私人部门，这与我国的实际情况有所不同。我国的标准名称"政府与社会资本合作"是随着国务院文件的出台在 2014 年之后才正式用于政府公文的，在市场和相关的研究中存在滞后现象。客观来看，相关表述是对同一事物进行的表达，因此，本书在对部分文章的引用过程中将不再刻意对"公私合作""公私合营"等表述进行更改。

为了更准确地把握 PPP 的一些特点，我们还需要对我国 PPP 的前身"特许经营"有一定的认识。当前经济学领域的一些研究对 PPP 模式与特许经营始终未有较细致的区分。随着 PPP 项目大量落地，目前主流研究大多不以特许经营模式为主要内容，甚至不再提及。现实中，两者之间的关系较为复杂。为了避免边界混淆，更准确地把握 PPP 的本质特征，下文就 PPP 与特许经营的联系与区别进行分析。

考察 PPP 与特许经营之间的关系，首先需要明确特许经营的定义。2015 年国家发展改革委等 6 部门联合出台了《基础设施和公用事业特许经营管理办法》，对特许经营进行了定义：政府采用竞争方式依法授权中华人民共和国境内外的法人或者其他组织，通过协议明确权利义务和风险分担，约定其在一定期限和范围内投资建设运营基础设施和公用事业并获得收益，提供公共产品或者公共服务。对于特许经营的定义，无论是在经济学还是法学、公共管理学等多种学科领域内均不存在争议。

然而，对于 PPP 与特许经营之间的关系在法律层面上仍存在模糊之处。最高人民法院在 2019 年 11 月发布的《关于审理行政协议案件若干问题的规定》中认为，法院应当依法受理的行政协议包括"政府特许经营协议"和"符合本规定第一条规定的政府与社会资本合作协议"。该司法解释提及的"第一条规定"为：行政机关为了实现行政管理或者公共服务目标，与公民、法人或者其他组织协商订立的具有行政法上权利义务内容的协议。就该条文来看，最高人民法院并不认为 PPP 与特许经营是同一种事物。就《行政诉讼法》判定结果来看，特许经营毫无疑问是行政合同，政府拥有比社会资本方更高的地位。而 PPP 模式则部分被认为是行政合同，在其他作为民事合同的部分项目中公私双方仍然处于平等地位，不适用行政诉讼。

本书认为，从性质上看，特许经营并不能完全代表当前正在执行的 PPP 模式。PPP 模式是特许经营之上更为广泛的一种概念，特许经营是 PPP 模式的一种重要代表方式。在特许经营的模式之外，应包括许多本不完全由政府负担的工作，但是政府有意志代表公众进行统一开发，同时选择社会资本进行合作以共同完成这些项目（见图 3.1）。

图 3.1　PPP 模式在法律意义上的分类

目前在实际运用中,大多数情况下人们未对二者进行细致区分,二者俨然成为可以互相指代的"同义词"。出现这种现象的原因在于:其一,从发展历程上看,名称出现的先后顺序导致"先入为主"。特许经营作为政府与社会资本合作的主要形式最早出现,"特许经营"一词也随之来到国内。因此,在主要的法规和行政文件中多以"特许经营"的名词进行称谓。在大量项目逐步落地实践后,多个国家部委出台了支持特许经营的文件,如原建设部《关于加快市政公用行业市场化进程的意见》等均是以特许经营进行表述。而 PPP 直到 2014 年才在国务院《关于加强地方政府性债务管理的意见》中正式出现(文中提到"政府与社会资本合作模式"),之后成为学术界的常用词汇。其二,PPP 模式几乎与传统的特许经营模式相互重叠,不严格进行探究的话则难以区分。如在国务院《关于加强地方政府性债务管理的意见》中指出:推广使用政府与社会资本合作模式。鼓励社会资本通过特许经营等方式,参与城市基础设施等有一定收益的公益性事业投资和运营。根据该段文字的表述,可以认为 PPP 模式是特许经营之上更为宏观的一种表述,换言之,特许经营是 PPP 模式的一种具体方式。

3.1.2　PPP 的本质特征

根据以上定义可以发现,PPP 项目涵盖范围广泛、形式多种多样,但是具有一些共同的特征,这些特征也影响了政府部门对 PPP 项目风险管理的决策。

通常,PPP 模式主要应用于公共基础设施等领域,具有如下特点。

一是公共服务性。公共设施是为社会服务的,每个公民都有平等使用的权利。在承建和运营过程中,主管的项目公司受到多种约束,例如,不能为了达到自身目的对使用人群进行限定,不能随意调整使用价格获取暴利等。需要注意的是,这里的平等指的是机会上的平等,而不是结果的平等。如学校、医院、体育场馆等,每个人都有同样的机会使用,但不是每个人都能使用。

二是收益稳定性。公共基础设施一般具有前期投资庞大、管理成本高、收益周期长、短期利润率低的特点，因此，投资和建设需要具有财务规划的前瞻性。"天下没有免费的午餐"，PPP项目与普通商业项目相比具有明显不同的特点，基础设施行业投资收益率低，但是建成后会长期持续地提供服务，只要外部客观情况未发生改变，就可以产生长期稳定的收入。

PPP项目的实施主体是政府与社会资本，具有互利合作的特征。

第一，平等互利合作性。虽然政府与社会资本在市场上角色不同，但是为了完成项目目标，二者必须进行有效合作以实现双赢。二者应秉承双方利益共同增加的原则。二者均需要考虑对方利益，以帕累托最优的形式达成合作。二者更需要进行合理分工，要有明确的标准，双方必须清楚认识各自在项目中的权利与义务。具体体现在对PPP项目协议的内容需要准确把握，特别是在管理决策、风险分担、责任划分上需要格外重视。最后，在不涉及重大公共利益的情况下，二者必须在平等的基础上进行磋商合作。当一方处于强势而另一方处于劣势时，以上原则可能变得不再有效。

第二，投资回报合理但非暴利性。社会资本参与PPP的根本原因并不是做慈善，合作投资建设项目最终一定有利可图。行业不同，带来的利润也不尽相同。客观而言，如果某个项目的收益十分可观，政府部门通常不会邀请社会资本参与其中，而是依照传统政府采购模式开发，并将相应收益存留。因此，以PPP模式发起的项目，回报通常相对于市场上其他投资的收益而言较低。为了激发社会资本参与的积极性和保证后续项目的可持续性，政府往往会许诺给予一定收益或进行补助，至少达到盈亏平衡，这也是合理收益的意义。此处的收益不仅包括短期投资回报的直接收益，还包括大量潜在的间接收益。实践中，不少社会资本参与PPP项目时可能在特定时期出现亏损。从长期来看，参与PPP可以为社会资本带来包括占有市场、打通本地官商渠道、拓展业务产业等多种隐性收益。投资回报非暴利需要从两个方面进行理解。利润的来源是价格与数量的乘积，当使用设施的人数一定时，寻求更高利润的手段只能依靠提高使用价格。但公共基础设施的属性限制了价格的上限。还有一种情况是，部分PPP项目的回报因客观情况好于预期，或本身具有较强的回报能力，此时，政府部门需要停止对项目的财政补助，将有限的财政资金用于更需要投资的项目中，而非满足社会资本的回报追求。

第三，合作周期的长期性。基于公共基础设施修建和运营特点，我们可以得知PPP项目普遍拥有超长的时间周期。不少国家对于采用PPP模式的项目在时间上作出了限定。例如，澳大利亚联邦政府要求项目期限不少于 5 年，首都领地、新南威尔士、南澳大利亚州等地区则进一步要求在 25 年以上，维多利亚州甚至要求在 30 年以上。综合来看，各地区对 PPP 项目的合作期限限制类型主要有三种：一是直接设定最长期限；二是根据类别分类设定；三是不设期限（李亢，2017）。一般而言，PPP 项目的期限为数十年，如 2015 年国家发展改革委等 6 部门联合出台的《基础设施和公用事业特许经营管理办法》要求基础设施和公用事业特许经营不超过 30 年。财政部印发的《政府和社会资本合作模式操作指南》（以下简称《操作指南》）仅在名词解释中提及，BOT、TOT、ROT 等模式的合同期限一般为20~30 年。根据财政部政府和社会资本合作中心（以下简称财政部 PPP 中心）项目管理库数据，当前入库项目的平均期限是 19.52 年，已处于执行阶段的项目计划合作时间为 18.81 年。其中，合作时间最长的为四川省乐山市峨边彝族自治县黑竹沟风景名胜区旅游综合开发 PPP 项目，计划以 PPP 形式运营 52 年。图 3.2 对当前 PPP 项目的时间分布进行了列示，其中 30 年以上的项目约占总数的 21.4%，20 年以上的占 45.8%，15 年以上的占74.5%，10 年以上的超过 99.8%。

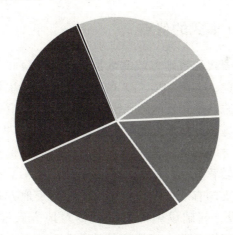

■30年以上　■25~29年　■20~24年　■15~19年　■10~14年　■10年以下

图 3.2　PPP 项目合作时间长度分布

一个符合规定并能够可持续发展的 PPP 项目应具有内在和外在两方面的基本性质。收益与风险对称性是 PPP 项目应具有的内在性质。无论对于政府部门还是社会资本方，参与 PPP 项目的收益与风险应当是对称的。如果个体对风险存在偏好，则意味着承担越多的风险应当预期获得更多的回报。个体的风险偏好选择（喜好、中性、厌恶）决定了对应的补偿多与少。政府部门提出使用 PPP 模式邀请社会资本参与项目并分担风险，必然会提供与之相对应的收益，否则项目无法开展。在实际操作中，对政府部门而言收益可以是相对的概念，即通过适当增加一些项目支出或让渡一些经营收入，来达到分担风险的目的。

外部因素主要包括两个方面。其一，PPP 的良好发展需要法律保障的完备性。各级层面上的法律法规变化会涉及 PPP 模式的多个方面，如合同性质的判断、权利与义务的执行、争议的解决等。这些问题直接影响到 PPP 合作双方对风险分担的博弈行为以及风险的承担方式。完备的法律保障使合同中的权利得到支持、义务得到监督，预防恶意违约事件的发生，给市场以充足的信心。其二，经济政策的连续性。这主要表现在经济周期的变化与官员任职思维的转变对于公共基础设施的影响。PPP 项目合作期长达数十年，个体项目的既有计划往往难以应对宏观政策的转变，合同中约定的内容随着政策的变化可能无法继续执行，导致在不同的经济阶段不能应用同一种政策，而连续的经济政策可以做到在最大化所有人利益的情况下进行合理的改革。

3.1.3　PPP 模式的优点

传统政府采购模式导致地方政府承担了过多风险并导致了地方政府债务风险的产生，因此，推行 PPP 模式的目的之一是解决传统公共服务方式的不足。传统政府采购模式目前的问题主要表现在 3 个方面。

其一，基础设施建设完全依靠财政投资，造成地方财政面临巨大压力。当前我国大部分地方政府无法完全依靠本地财政收入保持盈亏平衡，需要强有力的中央财政转移支付。随着积极的财政政策不断推进，地方财政收入逐步收紧，但开支却有所上升，其中部分原因是地方政府需要不断投入公共基础设施建设。基础设施方面的投资对地方政府而言具有重大意义，不仅是地方政府推动地方经济增长的重要手段，也是满足未来本地区经济发展需求的客观基础。面对事权多、财权少的客观状况，同时受制于不能主动不限额度发行债券的管理规定，地方政府需要新的财政融资模式。

其二，承担项目全部风险，造成财政与国有资产收入损失。公共服务事业一般是由地方政府或国资管理部门负责出资组建，而且当前大部分企业未参与混改或上市，均为地方政府 100% 控股的国有企业。政府作为企业股东需要对企业面临的风险承担相应的责任。政府作为行政主体，其基本义务是向社会提供公共服务和产品，但是对于项目中产生的市场风险进行管理已经超出了政府的专业能力范围，增加了管理风险的成本。此时企业如果没有足够的收入能力，只能向本地政府寻求帮助，消耗了宝贵的财政资金。

其三，建设运营效率低。虽然国有企业专营特定领域多年，但并不说明国有企业于所在领域具有专业性。因长期垄断本地公共服务行业，传统国有企业在行业领域中结构单一，只负责解决该领域内的直接问题；一些国有企业与本地政府关系密切，并非真正在市场上通过优胜劣汰的竞争存活下来的专业性企业，在不断革新的经济环境中缺乏竞争力和创新能力，难以适应未来对于公共服务的需求；还有部分企业产生了对策性激励扭曲，不论政府采取何种措施，这些企业都会寻找一种使自身利益最大化的办法，最终导致政策的执行效果与政策的意愿相违背。例如，利用亏损骗取补贴来追求其他目标，如雇佣人数、休假条件以及其他福利补贴等。不少地方国有企业员工视工作为金饭碗，从而降低了个人的竞争意识。本地国有企业与政府藕断丝连，负责人之间关系密切，出现严重的内部人控制现象。此外，客观上国有企业担负了一定的"政策性"责任，诸如解决就业、确保社会稳定等社会性工作，给企业增加了额外负担。因此，让专业的人做专业的事，通过适当竞争激发企业活力对于公共事业来说也是发展的方向。

相比之下，当引入社会资本，特别是来自民营企业的社会资本后，以上问题可以在很大程度上得到解决。这是因为民营企业长期在法律地位和制度保障上较国有企业处于相对劣势，且在错综复杂的经济环境中缺少多种政策扶持和兜底保障，我国的民营企业在市场竞争中练就出了较强的适应性，充满活力和创新能力。具体来说，政府部门与社会资本共同合作推行的 PPP 项目可以实现的优势包括以下几个方面。

第一，可以减轻地方政府的财政负担。从融资的角度看，由于生活水平的提高和技术的进步，居民对于公共基础设施的要求不断提高，其他社会保障开支不断攀升。但政府部门的资金是有限的，全球各发展中国家普遍面临投资不足的问题，当前传统税收已经无法承担进一步扩建公共基础设施的重任。要保证公共基础设施能够被持续提供并符合经济发展的需求，需要社会资本的力量进行补充。PPP 模式将项目的融资过程交给社会资本完成，政府部门只需要认缴部分资金作为项目公司的股权。社会资本方既可以使用自有资金进行投资，有效地使用企业的存量资金，也可以选择使用银行贷款等方式进行融资，将财务管理的有关职责与公共部门共担，进行市场化操作。从支出的角度看，社会资本方在竞争环境下，天然拥有降低成本的动机，可以给出更好的解决方案。在同样的环境下，通过与社会资本合作可以降低政府必要的支出，缓解财政压力。

第二，PPP 使合作双方共担项目风险。拥有权利的同时也需要履行义务，当政府接手公共基础设施建设的主导权时，也需要同时承担相应的风险。建设和运营并不是政府的比较优势，其在防范和控制风险的能力上显然不如社会资本。采用 PPP 模式后，项目公司作为实施运营项目的主体不从属于政府部门，在操作层面上全权负责。这也意味着部分风险从政府部门转出，避免了风险可能带来的损失，减轻了或有支出的财政负担。例如，在政府部门没有干预的情况下，社会资本对商业风险拥有完全的责任。一旦风险出现，社会资本将承担相应的损失。

第三，提高项目生产效率。在财政资金范围内提供公平可靠的公共基础设施是政府部门的重要职责，但如何建设和运营并不是其专业所长，如大包大揽只会效率低下、事倍功半。反之，在市场中，社会资本为了能够生存，一般专精于某一行业，使其生产效率达到最高。随着公共基础设施建设和经营的技术不断专业化，需要专业化的团队进行管理。在 PPP 模式中，政府不需要对项目的每一个细节进行考核，只需要考虑最后带给公众的结果，节约了大量的人力物力，也将政府从无限的琐碎事务中解放出来，提高了政府自身的运作效率。PPP 正是抓住了政府供给公共品的任务和社会资本高效率的特点，发挥二者所长，实现社会福利最大化。

3.1.4　PPP 的参与主体

PPP 是从西方经济学中发展而来的名词，第一个 P 是指 Public，代表公共部门，也就是政府部门；第二个 P 是指 Private，代表私人企业。在西方经济制度中，近几十年正是自由主义盛行的时期，政府也在第二次世界大战后从凯恩斯主义的"积极有所作为"退回到小政府、"守夜人"的角色。与此同时，私人企业得到充分发展，"私有财产神圣不可侵犯"被奉为圣经。因此，在西方资本主义国家，私人企业与公共部门是两个相对独立的主体，二者在法律框架内各司其职、各行其道、互不干涉。我国选择的是社会主义道路，在中国特色社会主义市场经济制度下，政府与社会资本两者所承担的角色与西方国家相比有着显著区别。

（1）公共部门

《联合国贸易法委员会私人融资基础设施项目法律指南》对政府的定义是：东道国所在国家省或地方级别负责行政或决策职能的各个公共当局。在项目中，一般是指对项目负全面责任并以其名义授予项目的公共当局，包括省当局或地方当局。公共部门这一经济学分类主要源于西方经济学的经济部门划分。我国的经济体制与西方社会有显著不同，关于公共部门的界定，国内与国外客观上存在不同。从经济学的角度来看，公共部门通常仅指政府机构。而从法学的角度来看，政府机关作为"职权行政主体"，是公共部门的一部分，此外还包括诸如"授权行政主体"（诸如行业协会、企事业单位等）、私法形式的行政组织（如国有独资公司）。因此，在对 PPP 模式进行认定时，应以国务院、国家发展改革委、财政部等政府机构下发的文件中界定的"政府与社会资本合作"为准。这与传统上所理解的"公私合作"存在一定出入。本书无意纠结其准确的形式划分，大多数相关研究也没有对此进行深入划分，但是可以预见，随着相关法律法规的进一步确立，在 PPP 模式下如何界定公共部门的责任边界仍需要进一步明确。

在实施 PPP 模式时，公共部门分为协调机制组和实施机构两个部分。协调机制组负责全面统筹工作，协调跨部门和机构的联络、审批等事务，保证项目有序推进。例如，通常一个公共基础设施项目的立项需要经过发展改革委和财政部两个 PPP 主管部门审批，然后还要获得土地、环境等部门的共同批准才可以破土动工。作为整体设计和规划安排，按照《基础设施和公用事业特许经营管理办法》的要求，县级以上地方政府的有关部门应当建立特许经营协调机制，统筹有关政策措施，组织协调项目实施和监督管理工作。《操作指南》规定，县级及县级以上地方政府负责建立PPP 项目协调机制，完成项目审批、组织协调以及监督检查等有关工作。实施机构是 PPP 项目中与社会资本签约的主体。《操作指南》指出，政府或政府指定的有关职能部门或事业单位可以作为实施机构负责具体工作。《基础设施和公用事业特许经营管理办法》则要求县级及以上有关部门依据人民政府授权作为实施机构，负责本部门职责范围内的有关工作。该文件与《操作指南》的主要不同之处是没有提及事业单位可以作为签约的主体单位。从上述文件中我们不难发现，在 PPP 项目中政府扮演了多重角色。由于政府拥有立法、行政等多种职能和权力，社会资本在合作中天然处于弱势，地位不平等。这也是当前 PPP 实践中一些"焦点"问题的来源。一些政府职能部门并不因为参与了 PPP 项目，就放弃了其已有的职能和权力，出现了双重身份的问题。

第一种角色是管理者。政府最重要的是承担满足公共服务需求的政治责任。在 PPP 模式中，公共基础设施的生产者发生了转移，政府对其的控制能力下降了，但政府更需要尽职尽责。这是因为一旦公共产品和服务出现任何事故，最终承担政治责任的仍然是政府，相关人员承担行政责任，这一点不会随着生产者的转移而变化。为了保留公共部门管理者的角色，在美国，有些州通过两种方式来限制公私合作伙伴关系无序发展：一是对项目设置数量限制；二是每个项目都需要经过美国国会立法的批准。在我国台湾地区高雄市，当局政府对垃圾清运行业进行了部分私有化，但为避免从业人员因管理问题产生纠纷而造成垃圾清运作业停顿，政策限制施行私有化的地区不超过总面积的一半，以保证管理部门拥有一定的后备力量在危机时刻保障正常运行，同时在必要的时候收回经营权。日本在国有铁路私有化的浪潮中同样有所保留，为体现铁路的公共性，保障偏远和亏损线路沿途乘客的交通需求，将部分线路交由"第三部门铁道"负责运营，没有进行完全的私有化（李亢，2017）。目前，我国尚未在相关领域出台相关规定，对公共基础设施引入社会资本作出限制。但如何正确认识 PPP 合作项目提供的公平性原则，保留适当政府管理权并承担必要的社会责任，是当前 PPP 合同签订时需要考虑的重要因素。

第二种角色是采购者。如何选择合作方，选择什么样的合作方，需要达到什么样的标准和要求，这些都是在合作前需要考虑的问题。在这一角度，PPP 模式合作的一部分可以看作政府采购的延伸，需要遵循政府采购的法律法规。但是 PPP 合作双方的法律地位却不同于一般的政府采购，即在合作的过程中公共部门出现违约也需要进行赔付。按照萨瓦斯（2002）的解释，在 PPP 模式中政府最理想的角色是公共产品和服务需求的确认者、精明的购买者、对所购产品与服务的检查与评估者、公平赋税的有效征收者、谨慎的支出者，适当适量对承包商进行支付。与西方国家不同的是，在我国的经济体制中，公共部门不仅承担了西方经济学中政府的包括保证公平、维护安全等在内的角色，更是承担了拉动社会经济发展的重要任务。在长期"GDP 锦标赛"的环境下，目前大多数地方政府是主动选择开展大规模建设的。

需要说明的是，为了研究的连贯性，本书将不在细节上区分"公共部门""政府部门""地方政府"等相关词语。这些词语均指可以与社会资本签署 PPP 合同的单位、机构或部门。

（2）社会资本

不同于西方理论中的"私人部门"，我国使用"社会资本"一词更为适应国情。根据自身的责任和义务，国有企业不能简单地被称为私人部门。结合我国的经济制度和国情，本书中的私人部门是一个相对广义的概念，包括除公共部门外的其他组织、实体，并不特指具有私人性质的个人或企业等。本书对此将作出细致的分析。

首先，关于民营企业。回顾我国经济发展的历程，在相当长时期内是不存在民营企业的。随着改革开放的推进，民营企业存量不断扩大。我国加入世界贸易组织并融入国际产业链后，作为制造业的重要环节，民营企业不断发展壮大，成为国民经济中不可或缺的环节。除了大量的民营资本外，海外资本同样也受到早期 PPP 项目提出方的青睐，诸如某水务公司在投资合作 PPP 项目中树立了良好的形象。这些社会资本也是传统意义上 PPP 开展合作的目标对象。

其次，关于国有企业。当前我国市场上存在较为庞大的国有企业团体，国有企业在经济发展中承担了重大的建设和运营管理任务。西欧国家虽然也有一些国有企业，但是这些国有企业是以商业化运营为主的营利性企业。我国的国有企业分布于社会经济的主要行业，国有企业的发展并不永远以利润为第一导向，仍然以服务于国家利益和人民生活为第一要务。故难以按照西方私有企业的标准去定义私营企业。国有企业一般具有以下特点：其在不同程度上受到中央或地方政府的影响，企业行为必须符合或者不能违背政府政策意愿和利益。如果国家投资后却不能对所投资的企业施加决定性影响力，就不应当再视为国有企业（何春丽，2015）。《操作指南》规定 PPP 中的社会资本包括依法设立且有效存续的具有法人资格的企业，如民营企业、国有企业、外商投资企业。本级政府下属的投资平台和控股的国有企业（上市企业除外）不能作为社会资本参与。换言之，本地以外各级政府实际控制或以股东身份参股的大量国有企业，包括尚未进行改革也并未上市的公司同样可以以社会资本的身份参与到 PPP 项目中。

无论是私营企业还是国有企业，作为 PPP 模式的合作者，参与了公共服务的相关企业与其他竞争性企业相比，表现出两重性的特征：公共性和企业性（植草益，1992）。两重性也决定了在 PPP 模式中社会资本存在是否追求利润最大化的内在矛盾。在公共性上，社会资本需要参照原先政府提供相关产品和服务的标准保障公众利益，即使价格处于某种不合理的区间，也不能盲目提高使用价格，这也是由公共品的性质决定的。在企业性上，社会资本在市场上需要营利，以获取利润为发展和生存的目标，否则就违背了其存在的基本意义。不过公共性和企业性常常难以兼顾。如何让企业在正常生存的情况下尽可能提供高质量的公共品，正是推行 PPP 模式的难点之一。因此，与前文中的公共部门相同，社会资本方同样具有双重身份。其一，作为社会资本方，参与市场并获取利润是其存在的根本理由，也决定了 PPP 项目必须存在利润空间。其二，作为公共品的共同提供方，以公共利益最大化为主要目标是项目的要求。两者在一定程度上是矛盾的。社会资本参与 PPP 项目与参与一般项目相比要受到更多的限制。

（3）项目公司

项目公司是 PPP 模式下双方合作的实体。根据 PPP 文件要求，PPP 项目必须以项目公司（Special Purpose Vehicle）作为实际建设运营实体。项目公司是为专门负责项目建设和运作而设立的特殊目的公司。项目公司作为主要执行部门出现在 PPP 模式中。《联合国贸易法委员会私人融资基础设施项目法律指南》认为，项目公司是与公共当局签订实施项目协议、受政府颁发特许经营权而实施基础设施项目的实体。为了保证社会资本方具有独自决策的能力，发挥高效率的优势，《操作指南》规定 PPP 项目公司中政府的股权不能超过 50%。对于社会资本方，项目公司的一个主要作用是对风险进行有效隔离，即有限责任：当项目面临失败资金无法追回的风险时，项目资金出借人只能对项目方进行有限追索，仅能就项目资产、现金或者相关权益进行清算。对于投融资双方而言，以项目公司名义进行的项目融资贷款主要依靠项目自身的现金流能力来进行评价，而不是参照公司整体的资产、利润、现金流等指标。因此，在风险承担方面，项目公司是第一承担人。

3.1.5　PPP 的主要应用范围

目前 PPP 的主要应用范围是公共基础设施，但不同行业之间存在一定的区别。当前我国还没有对 PPP 项目的适用行业和内容进行详细的划分，这也导致一些文件在出台后适用性不强，无法解决现实中出现的问题。在国际上，不少国家对公共基础设施进行了更为详细的分类。《联合国贸易法委员会私人融资基础设施项目法律指南》认为，公共基础设施是指向所有居民提供基本服务的有形设施，包括各类别的设施、设备或系统，以及用于公共运输的有形设备和系统。公共所有和私人所有的基础设施之间的界限需由每个国家作为公共政策事项予以划定。例如，不同国家对机场、医院、监狱、电力设备的性质均有不同规定。在法国，PPP 项目可以合作的领域和范围主要包括：（1）特殊行业项目，包括诸如警察、宪兵、军队、消防、国防安全、医疗、监狱等以及与这些行业相关的设施设备。（2）委托公务合同，主要是以城市自来水、公共交通系统、垃圾集中处理等城市服务为代表的内容。（3）临时占有许可，如医院、会议中心、培训中心等行业。（4）合伙合同，即以最简化的行政手段吸引社会资本进入的互惠发展模式（徐琳，2016）。日本政府在 2015 年更新的《利用民间资金促进公共设施等相关法》中将公共设施分为 6 种：（1）道路、铁路、机场、管道等项目；（2）包括政府办公和公职人员宿舍等；（3）租赁住房、学校、医疗、停车场等设备；（4）信息通信、供暖、新能源、回收利用等相关设施；（5）船舶、飞机和卫星等；（6）符合上述条件的其他设备。

　　国际上对 PPP 项目执行的公共服务事业范围大都进行了简单的划分，而目前我国政府尚未出台相关文件。部分学者参考基础设施相应的分类方法进行了研究，如余晖、秦虹（2005）指出，基础设施可以有狭义和广义之分。狭义的基础设施多指"经济型的基础设施"，具体而言是服务于居民生活和经济发展的永久性工程、设备设施，诸如公用事业、公共工程和公共交通等；广义的基础设施则是在狭义的基础设施内容基础上加入"社会性基础设施"，如教育、文化、体育、卫生等。也有部分学者认为，根据项目与居民生活的密切程度及重要性等多种因素分类考量才是 PPP 项目适用产业分类的关键，公共部门主导的公共任务等级不同也会导致 PPP 划分的方法不同。如陈征（2010）将公共任务归纳为六个等级，其中前四个等级并非国家任务，第五等级具有国家任务与私人任务双重性质，第六等级才是国家任务。该研究指出，能使用较低层级的方法完成公共任务时，国家一般不会选择较高一级的方法。然而，这一划分方法是对于社会整体公共设施作出的，并不能够完全适用于当前 PPP 所应用的产业。因此，有学者在此基础上进一步对广义 PPP 领域的公共事业作出了划分。其中，第一等级是国家引退并由私人完成的公共任务，社会资本通常愿意且有能力完成公共任务；第二等级是国家规划并监督私人履行的公共任务，由于涉及公共利益，国家往往要对公共任务进行规划；第三等级是国家协助并监督私人完成的公共任务，国家通过提供人才和物质等方面的支持来协助社会个体或团体完成公共任务；第四等级是狭义的公私合作的公共任务，社会资本无法完全胜任某一具有重大公共利益的任务；第五等级是国家保留的公共任务，国家将亲自从事该项任务（邹焕聪，2017）。

根据上述分析可以发现，发达国家的 PPP 适用范围已经不能简单归为"公共基础设施"。对于 PPP 项目应用范围的划分不仅要考虑到公共部门需要指导介入的程度，也要对项目产生的收入情况进行划分。在 PPP 模式中，运营收入的情况将直接决定政府的回报机制，对项目的成功与否将产生重要影响。

依据收益的产生可以将公共设施项目分为经营性项目和非经营性项目。非经营性项目包括一切无法进行收费、无现金收入的公共基础设施项目，诸如城市道路、照明等。这类项目只能通过政府财政拨款才能维持正常运作，完全以社会资本供给难以满足市场对于公平性的要求。经营性项目包括自给自足的完全经营性项目和不完全自给自足的准经营性项目。前者虽然是公共设施项目，但是通过市场的自我调节和政府的政策引导，可以实现良好的自循环。这类项目无论是政府的投资还是社会资本的投资都可以实现正常运营，也是最能体现出 PPP 特色的模式。后者则是指虽然拥有收入来源，但仍需要政府进行补贴或购买付费才能有效运作的项目。这类项目通常因成本原因很难通过收取费用达到盈亏平衡，若完全依靠提高自身收入维持项目运转，将严重影响社会的公平性或公众利益。

本书认为，根据政府管理的程度进行区分，PPP 项目可分为四种类型：第一种是市场化项目。此类项目可以由社会资本方自主建设，也可由公共部门与社会资本合作开发。第二种是政府规划、市场运营项目。此类项目主要是公共部门为了满足社会需求和提高公众生活水平而开展的项目，通常很少由社会资本主动提出，但依靠社会资本自身的能力可以完成相应的工作。第三种是政府规划、政府协作项目。此类项目通常涉及较大公共利益，具有较强的公共属性，社会资本不易进入。第四种是政府提供项目。此类项目在我国罕有社会资本独自完成的先例。因其涉及重大民生问题，为了完成项目，公共部门需要进行大量研究并开展多部门之间的配合。

表 3.1 总结了常见的 PPP 项目划分方法。市场化项目几乎不包含非经营性项目和准经营性项目，因为社会资本进行投资无法收回成本。而在"政府规划、市场运营""政府规划、政府协作""政府提供"分类中，都包含非经营性、准经营性和经营性项目。不过在实践中，部分项目并不完全符合该表格的划分结果。例如，学校、医院等项目部分通过收取学费、医疗费用可以实现自身的收支平衡，而部分地区的高速公路、供暖项目需要政府进行适当补助。完全的民营化只是将垄断方从政府转移到社会资本

而已，这与 PPP 模式的初衷不符。同样，这一结果也将导致政府最终完全退出该领域，无法满足社会福利最大化的价值取向。

表 3.1　PPP 项目经营能力、市场化程度的划分

类型	非经营性	准经营性	经营性
市场化	—	—	旅游景区、物流园
政府规划、市场运营	环境治理、城市绿化	体育设施、特色小镇	会展中心、城市停车设施
政府规划、政府协作	乡镇道路、学校	医院、污水处理	发电厂、水库
政府提供	管网工程	轨道交通	高速公路、供暖工程

现阶段我国的 PPP 项目分类较为简单，仅划分为一级、二级行业，尚未从经营能力、市场化程度等多个维度进行更为细致的区分。然而经营能力在 PPP 的使用中对应不同的回报机制，决定了地方政府付费的多与少。由于缺乏足够有效的约束性文件，不同地区往往对同样产业采取不同的 PPP 付费机制，但并不能给出足够的选择理由，对于项目的规范化运作仍有较大的改进空间。

3.1.6　我国 PPP 的发展现状

考虑到数据的获得性及权威性，本书以财政部 PPP 中心公开的项目管理库信息作为 PPP 微观项目数据的来源。财政部 PPP 中心是制定 PPP 操作指引、合作指南，协助政府筛选适用 PPP 的行业，选择合适的 PPP 模式，制定规范的 PPP 项目流程，开展 PPP 示范项目建设的管理部门。根据财政部 PPP 中心的要求，库中的项目都已通过物有所值检验。因此，财政部 PPP 中心公开的项目管理库信息具有权威性和完整性的特点。本书以该项目管理库中已收集到的数据作为样本。在实践中，地方政府、企业和银行等 PPP 项目参与方一般都认为进入项目管理库的 PPP 项目属于被财政部认可的项目。截至 2019 年末，全国 PPP 在项目管理库中共有 9509 个项目。从项目的阶段上看，当前处于执行阶段的项目共计 6158 个；处于准备阶段和采购阶段的项目分别为 1448 个和 1903 个，两项共占项目总数的 35%。

从运作方式来看，根据《操作指南》财政部认定的 PPP 模式主要有以下几种类型：委托运营（O&M）、管理合同（MC）、建设—运营—移交（BOT）、建设—拥有—运营（BOO）、转让—运营—移交（TOT）和改建—

运营—移交（ROT）等。目前最常见的运作方式为 BOT 模式，占项目总数的 81.3%，TOT、ROT、BOO 模式使用数量相对较少，分别占 2.9%、2.6%、1.6%。不少项目是以打包形式签署 PPP 合同，其中每个子项目可能采用不同种类的运作方式，分类中统一以"其他"作为标记。目前约有 13.7%的项目采用该模式。

从分布区域来看，图 3.3 对当前我国已落地的 PPP 项目的数量与投资额进行了统计。依据 PPP 执行数量，各地区可以划分为四个组。第一组为项目数量超过 300 个的地区，包括山东、河南、浙江、安徽、广东、四川、新疆 7 个地区。PPP 项目数第一的山东省共有 526 个项目，远超第二名河南省（429 个）。该组平均实施项目数量约为 394 个。第二组是项目数量为 200~300 个的地区，包括江苏、贵州、福建、湖北、河北、云南、湖南、江西 8 个地区。该组的各地区 PPP 项目数量几乎相同，平均约为 266 个。第三组内各地区 PPP 项目数量依次下降，从内蒙古的 200 个到广西的 99 个，该组共有 5 个地区。第四组是目前项目数量最少的地区，共计 11 个地区。其中西藏没有进行任何 PPP 项目，其次是上海市（3 个）。需要特别说明的是，在财政部 PPP 中心项目管理库的地区分类中，新疆地区包括两个子项，一个是新疆维吾尔自治区，另一个是新疆生产建设兵团。在一些经济数据中，新疆维吾尔自治区与新疆生产建设兵团均设立统计单位分别进行调查统计。为了保证数据的可靠性，本书将有关数据进行了合并整理，在后文中统一以新疆作为地区名称。西藏因没有任何 PPP 项目，故不再参与排序，仅列出作为参考。另外，中央本级的项目与各省（自治区、直辖市）之间不具有可比性，故不参与排序和计算。

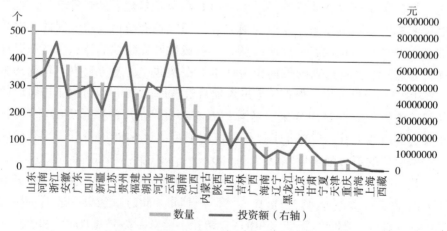

图 3.3　我国 PPP 项目数量与投资额（执行阶段）

从投资规模的角度考察，各地区并未表现出明显的组别特征，执行数量最多的几个省份并非项目投资额最多的地区。投资额排名前三的地区分别是云南、贵州、浙江。3 个地区的投资额均在 7000 亿元以上，其他地区则基本按照项目数量逐次顺序排列。在 PPP 项目规划后，大量项目因为多种原因迟迟未能开始程序性工作，从执行率（处于执行阶段的项目占本地区项目总数的比例）的角度看（见图 3.4），当前执行率最高的是北京市，约为 92%。执行率不足 50%的有天津、广西、甘肃、山西、辽宁。

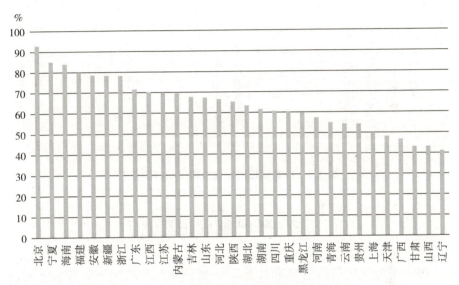

图 3.4　各地区 PPP 项目执行率

从涉及的领域来看，当前处于执行阶段的 PPP 项目中，一级分类的行业共有 19 种，二级分类的行业有 70 余种。图 3.5 对当前 PPP 项目的一级分类进行了统计。PPP 应用最多的市政工程类项目共计 2545 个，约占 PPP 项目总数的 41%，以垃圾处理、污水处理、城市管网等为主。其次分别是交通运输、生态建设和环境保护、城市综合开发、教育类项目，项目数量分别为 885 个、586 个、393 个和 283 个。该五类项目占据了执行阶段 PPP 项目总数的 76.2%。

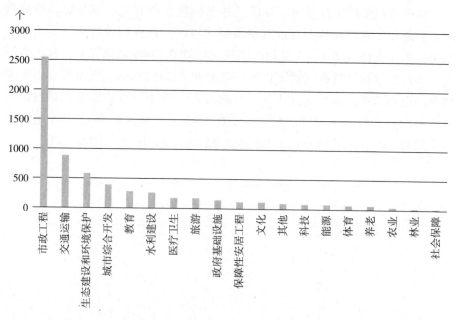

图 3.5　PPP 项目的行业分布（执行阶段）

3.2　PPP 的理论基础

PPP 作为现代公共管理和经济中的新产物，其影响不仅仅在于经济学，目前已有多个学科对其展开研究。例如在法学的研究中，双方的合作地位会对合约的性质产生重要影响。当前经济是基于合同而开展的，双方的法律地位直接反映在作出不同的决策，从而影响经济活动。特别是在风险管理方面，权利和责任的划分尤为重要。正是因为对于政府管理边界的认识有所改变，私人部门融入公共服务的程度不同产生了不同的结果。例如，当民营经济完全进入某一领域后，该领域就实现了彻底的民营化（私有化）；而当政府并未完全放弃控制权的时候，便成为 PPP 模式。由此可见，针对 PPP 模式的研究并不能单纯地从经济学的角度进行，而是要结合多个学科的多种理论共同探究。

3.2.1　新公共管理理论

正如传统公共基础设施的建设离不开公共部门的管理一样，对 PPP 的研究也不能脱离公共管理单独进行。公共管理理论对于社会资本参与公共基础设施有着不同的理解，其诞生的主要原因是旧时代的社会管理模式已经难以适应社会的进步。由此，西方工业化国家逐步掀起了一场新的行政改革运动——新公共管理运动。新公共管理理论的关键因素主要包括：专业的管理；清晰的绩效标准；着眼于产出控制；公共部门的分散单元；公共部门间的竞争；管理实践中的私人部门形式；有原则和节约的资源使用（Hood，1991）。具体的实践包括美国的"政府再创造"（The Reinventing Government）、英国的"下一步"行动（The Next Step）、加拿大提出的"公共服务 2000"（Public Service 2000）以及欧共体（欧盟）的公共服务革新等，其中，英国的改革运动最为突出：一是国有企业私有化，出售了包括英国电信、英国石油、英国燃气等与全国居民生活息息相关的国有企业；二是签订外包合同，将部分服务外包给私人公司完成；三是积极推动私人融资计划，提议私营企业参与公共服务的建设运营管理，并成立了专门服务于这项计划的管理部门"英国伙伴"（Partnership UK，PUK）。

该理论的支持者著名经济学家布坎南认为，经济环境中不仅存在市场失灵，也同样存在政府失灵。政府失灵是指个人对公共品的需求在现代民主政治中得不到很好的满足，公共部门在提供公共物品时趋于浪费和滥用资源，导致公共支出规模过大或效率过低，政府的活动并不总像应该的那样或像理论上所说的那样有效。市场的缺陷并不是把问题交给政府去处理的充分条件（布坎南，1972），政府的缺陷至少和市场一样严重。布坎南给出的原因包括：缺乏足够的竞争压力，垄断了公共产品；降低成本的激励缺失，使公共部门决策者没有动机节约任何成本。政府失灵的本质原因是政府无法做到资源的有效配置而令行政效率达到最高。推导至政府所管理的公共产品方面，政府同样存在这一问题，即政府不具有提供公共品的完全正当性。简言之，新公共管理理论提倡的改革主要包括：引入绩效管理，提高公共部门行政效率；进行分权化改革，包括政府部门内部分权和外部分权。其中，外部分权是将部分权利分享给社会，减弱政府的统治、监督职能，增加服务职能，同时，促进居民的参与和自治，将市场化引入公共服务，打破传统环境中政府的垄断。

PPP 的诞生与新公共管理运动联系十分紧密，这一点在其合同的性质和规定上就足以体现出来。例如，PPP 强调通过合同来严格规定绩效产出并防范机会主义者从中获利（De Palma 等，2012）。PPP 要求对项目绩效进行清晰界定，当签订合同的私人部门产出绩效不达标时，公共部门有权进行处罚（Warsen 等，2020）。不过也有学者提出警告，认为完美无缺的方案是不可能实现的。

3.2.2 公共品理论

公共物品的典型定义是具有非排他性和非竞争性两大性质的物品。然而现实生活中诸如"国防""外交"一类的纯公共品仅为极小部分。对于这一类物品，萨缪尔森定义为：每个人对该产品的消费不会造成其他人消费的减少。弗里德曼则认为，公共品一旦被生产出来，生产者就无法决定谁来得到它。公共品的性质可以表述为，在任何地点、任何人都能够无差别且承受得起的服务，同时能够对该资源实现平等介入。因此，在市场化的情况下，该服务的价格需要能够提供普惠型的服务，因此政府需要对价格进行干预。然而总体来看，公共品通常不能够被私人部门充分供给，因此不得不由公共部门负责提供（余晖和秦虹，2005）。向社会公众提供公共品是政府存在的主要原因之一（李亢，2017）。

许多常常被认为是公共品的产品其实具有一定程度的"私人"属性，归类为准公共品更为准确。具有排他属性的准公共品包括道路、能源、地铁等。对于这类物品，当使用人群达到一定数量时，其他人群便无法使用，如道路上堵满汽车、电力不足拉闸限电、地铁车厢站满乘客。如果让这些物品具有完全的非排他性，提供成本将十分高昂，这显然不符合现实。许多产品具有竞争性，如高等教育、医院等。更具体而言，纯公共品是无拥挤性的物品，准公共品则具有拥挤性。在准公共品中拥挤是以一个阈值的形式出现的，在此之前消费者的增加不会出现成本增加，若超出阈值，则会产生边际收益下降的情况。因此，现有的制度通常会对这些项目的使用量作出约束：限制师生比例，保证对每名学生的教学质量；根据病床数量确定住院人数，确保医疗资源充足。现实中，几乎每一项物品的服务和供给都体现出了使用效果递减的特性。这是管理能力和技术水平导致的客观现实，只有加大供给数量才能解决这些问题。

新自由主义的兴起质疑了政府垄断公共品提供者地位的合理性，并提议让市场参与。这也是早期PPP模式的理论基石。不过当前经济学家普遍认为，经济活动中只有政府或只有私人部门都无法达到最高效率的状态并使资源合理配置。一个经济体中，政府的公共利益最大化目标与私人部门高效资产配置目标有机结合才是健康的经济体。故PPP模式也是在这一基础上的有益实验。提供公共品是公共部门的主要责任，不过追根溯源，向公众提供公共产品和服务是其天职所在，而采取何种方式提供这些产品和服务，政府可以进行选择。故 PPP 只是改变了生产方式，没有改变生产性质（邹焕聪，2017）。而公共品理论与政治学相结合后，公共选择理论的地位日益重要。其基本假设是官员、选民等都是具有私心且利己的，这与古典经济学的基本假设"经济人"一致。该理论的基本论点是：社会和公众需求是政府提供服务的导向；产出、结果、效率和质量是政府需要把握的关键点；实行绩效管理，解绑行政管制；对政府采用企业经营的管理方式，如成本效益、质量管理、目标管理等；公共产品和服务不应由政府垄断，应让私人部门参与建设和管理（敖双红，2007）。实际上，这些观点与新公共管理理论是互为一体、难以完全割裂的。

综上所述，PPP 模式的主要产出是以准公共品为主的公共基础设施，进一步发展和充分应用公共品理论是 PPP 实施的基础。对于公共部门而言，如何结合市场的优势引入私人部门从而以更高效的方式提供公共服务，同时还要根据公共基础设施的公益程度维护公共品属性则是 PPP 进一步发展的关键。随着步骤和分工的细化，PPP 模式可以将双方最擅长的部分发挥到最佳，从而达到提高供给效率的目标。

3.2.3　产权理论

从经济学逻辑上讲，清晰的产权界定可以使经济更有效率，而如何划分产权则决定了福利如何进行分配。从概念上看，产权不是指人与物之间的关系，而是物的存在和关于它们的使用权所引起的人们之间相互认可的一种关系，同时，产权不单是人对财产使用的权利，还确定了人的行为规范，是一种社会制度（卢现祥和朱巧玲，2012）。PPP 模式涉及政府和社会资本双方，其产权性质显然不同于一般企业，也与市场化运作、大量社会资本入股的国有企业有较大的不同之处。产权理论认为，因公共财产通常会出现"搭便车"、集体行动和监管缺位等现象，不能够给生产者提供合理的激励和约束条件。解决这些缺陷的办法是通过对公共产品和服务的产权进行调整，引入私人产权从而带来竞争机制（王俊豪和付金存，2014）。同时，财政长期面临的软约束问题在国有产权形式下更容易产生，而私有产权更容易解决和避免这一问题（Schmidt，1996）。PPP 实际上更像是对剩余控制权和剩余索取权进行配置的产权机制，以此来保护和激励社会资本参与 PPP 合作。

从原理上看，PPP 的权利来源于公权在一定条件下将特定的一部分权利让渡。在不同模式中，项目公司对资产主张的权利有所不同，因此不能简单地认为是经营管理权。PPP项目涵盖的产权不仅包括针对某一财产所产生的权利，也涵盖了由此产生的各种行为。不过从经济学的角度进行研究，PPP的关键在于对收益权的把握，也就是特许经营权。PPP项目在开展前需要按照《政府和社会资本合作项目政府采购管理办法》有关要求进行招投标，相关权利应当仅授予中标单位。该权利具有特殊性。《基础设施和公用事业特许经营管理办法》规定，项目单位不得擅自转让、出租特许经营权，不得擅自将经营的财产进行处置或者抵押，否则主管部门会依法终止特许经营协议，取消其特许经营权，并实施临时接管。

3.3　PPP的风险分担与化解

在PPP模式下，原有的项目风险，即微观风险需要在政府与社会资本之间进行分担，当社会资本承担相应的风险时，原来应由政府承担的部分风险被转移给社会资本分担，这是PPP模式风险管理的主要特征。同时，由于地方政府对项目的投资是导致地方政府债务风险这种中观风险的主要原因，因此在PPP模式下，引入社会资本而节省地方政府的投资支出，也有助于化解地方政府债务风险。下面本书将对此进行具体分析。

其一，微观层面的风险仅限于PPP项目个体。"风险"可以定义为，有关主体在一定风险因素下，因某一风险事故发生而蒙受某种损失的可能性（刘亚，2017）。PPP项目在合作期内由于外界风险变化，存在对项目的实际支出超出预期而蒙受损失的可能性，表现为实际收益低于预期或实际支出超出预期甚至导致项目失败。从个体项目层面看，传统政府采购模式是由政府全权负责整套项目建设。传统的政府融资项目因只有政府方参与需要承担全部风险，包括但不限于融资风险、运营风险、经济波动风险等多种风险。对于公共部门而言，支出的不确定性不利于财政的规划。财政支出可分为有计划性的预算与实际支出的决算。实际支出与预算产生较大差异时需要对情况作出说明，超出预期的支出将增加财政压力，不利于本地发展。但同时，在当前的预算监管体制下，项目拨付预算资金并非节省得越多越好，可能产生预算申报过高而占用资金或任务执行不到位的问题；资金落实到项目上应专款专用，划拨至其他支出科目则会存在监管问题。从市场分工来讲，地方政府作为公共品提供者并不具备良好的公共品风险管理实力。也正因如此，有学者提出公共服务可以经由市场主体的"参与"实现，这也是公共性的重要体现（李友梅等，2012）。相较于传统的政府采购模式，PPP 优化了风险分担的方式，转移了部分风险。与社会资本联合参与提供公共服务的 PPP 模式的出现，为政府提供了分担风险的新方式。为了更好地分担风险，PPP 模式假定在项目的规划和决策中，政府不主观偏好某种模式，既不假定公共部门是最优的供给方，也不假定社会资本方是最优选择，而是通过科学的方式方法进行评估，对全生命周期的风险和成本进行考量（邢会强，2015）。作为科学合理的磋商结果，在 PPP 合同中政府和社会资本会确定较为明确的风险分担原则。

其二，中观层面的地方政府债务风险则超出 PPP 项目本身，主要表现为影响经济发展的地方政府债务问题。对于地方政府债务问题的探讨仅仅将其作为当地的债务风险，并不涉及国家层面财政的问题，各地之间的债务问题又相互独立，故属于中观范畴。本书认为，地方政府债务风险是指地方政府在负债运作中，因无力按期偿还债务本息而给经济、社会稳定与发展带来严重负面影响的可能性。当前，我国地方政府性债务总体可控，但是，随着经济增速换挡进入 L 形底部，伴随财政收入下滑，高速增长且存量较大的债务依旧是风险管理关注的重点。为控制地方政府债务风险，《关于加强地方政府性债务管理的意见》提出建立规范的地方政府举债融资机制，设立地方政府一般债券用于补充不具备收益能力的公益性项目建设资金，设立专项债券用于为存在收益能力的公益性项目融资。但是，债务指标具体分配到各省（自治区、直辖市）的数量有限。同时，原先通过地方融资平台公司进行举债的行为被明令禁止。此前审计批准后的部分城投债务被置换为纳入预算管理的政府债券，划清平台与政府之间的界限。由于具有收入长期稳定的特点，PPP 可以有效撬动市场资金参与提供公共基础设施，表现出对地方政府投资的替代作用。从支出的角度看，PPP 模式有助于地方政府减轻因大量投资公共基础设施所带来的财务压力，提升地方政府财政资金用于其他公共服务的使用空间，实现"节流"的目标；从负债的角度看，项目的融资主要由社会资本负责完成并进行管理，有效地实现了债务风险的隔离。PPP 着力于地方政府债务风险的支出和负债两个关键点，从根本上解决问题。随着 PPP 的大规模普及应用，无论是从投资金额上看还是从项目数量上看，这都不再是一个可以忽视的"小试验"。也正因如此，研究 PPP 对帮助化解中观层面的地方政府债务风险具有重要的意义。

3.4　小结

本章对 PPP 及风险分担和化解作用的基本理论进行了分析。首先，本章对 PPP 的含义作出了界定，提出 PPP 是公共部门与社会资本为提高社会福利而提供某一项公共服务所达成的合作模式；同时强调"PPP 模式"的重点是合作模式，而"PPP 项目"重点是指具体的项目。PPP 作为一种新的公共品提供方式，具有公共基础设施的特点，即公共服务性和收益稳定性，但又不同于传统的公共服务设施所具有的平等互利合作性、投资回报合理但非暴利性、合作周期的长期性等特点。一个可持续发展的 PPP 项目需要内在保证收益与风险对称性，外在提供完备的法律保障和连续性的经济政策环境。PPP 模式的优点体现在可以减轻地方政府的财政负担、共担项目风险、提高生产效率 3 个方面。其参与主体为地方政府、社会资本以及运作项目的合作实体项目公司。目前 PPP 的应用领域主要是公共基础设施，但相较于国际经验，尚未从经营能力、市场化程度等方面作出更细致的划分，以对应不同类型的 PPP 合作模式。截至 2019 年底，PPP 项目在库数量为 9509 个，落地执行数量为 6158 个，其中约 81% 的项目采用 BOT 模式进行合作。本章同时回顾了新公共管理理论、公共品理论以及产权理论等 PPP 的理论基础。

本章对 PPP 的风险分担与化解作用在微观和中观两个层面进行了分析。微观层面即项目自身范围内的风险，具体是指 PPP 项目在合作期内由于外界风险变化，对项目的实际支出超出预期而蒙受损失的可能性，表现为实际收益低于预期或实际支出超出预期甚至导致项目失败。PPP 通过引入社会资本方评估并共担风险，使原先全部由地方政府承担的风险部分转移给社会资本。中观层面即与地方政府债务风险的关系方面，地方政府债务风险是指地方政府在负债运作中，因无力按期偿还债务本息而给经济、社会稳定与发展带来严重负面影响的可能性。PPP 通过撬动社会资本参与公共基础设施建设替代原先的政府投资，减少项目资本金投入，节约地方政府财政支出；同时，社会资本方以负责债务融资和实现债务风险隔离的方式实现化解地方政府债务风险的目标。

第4章　PPP风险评估的前置分析：项目的现金流与地方政府支出

4.1　引言

开展PPP项目风险评估首先需要选取合适的风险评估工具。目前已有的研究主要是依据定性分析或问卷调查法得出相关结论，但这些方法往往缺少客观数据支撑。为了解决这一问题，本章将分析不同运作方式与付费机制的PPP模式现金流，建立一套可以应用客观数据的PPP现金流计量模型。通过使用该模型，可以更准确地把握影响PPP支出的因素及影响效果，为进一步开展PPP风险分析提供理论支持。同时，该模型也为PPP项目风险敞口提供了评估标准和测算工具。

地方政府债务风险本质上是地方政府支出过多造成的，立足于政府的视角深入探讨PPP与地方政府债务之间的关系首先需要了解PPP与地方政府支出之间的内在关系。因此，本章将结合PPP现金流计量模型对地方政府支出的结构进行深入挖掘，为后文评估PPP对地方政府债务风险的化解作用做铺垫。

4.2　PPP的物有所值评价法

现阶段，我国开展的PPP项目都需要完成物有所值评价，即论证公共部门使用PPP模式应当优于使用传统政府采购模式。该步骤是对项目可行性、有效性进行论证的"规定动作"。也正因如此，物有所值评价是对PPP项目进行评价的有益参考。

4.2.1　物有所值评价法的原理与内容

物有所值评价最早来源于1998年英国财政部出台的有关技术要求。该方法在 2006 年进行了更新并出台了《物有所值评价指南》（*Value for Money Assessment Guidance*）。该指南将物有所值评价分为 3 个步骤：第一步是投资内容（Programme Level）评估，仅考虑这些项目是否适用 PPP 模式，以及能否体现出物有所值。这里的投资项目是个较为宏观的概念，并不是指具体的某一个项目。第二步是投资项目层级（Project Level）评估，该阶段是对具体的某个项目进行评价，因此需要提供一个详细的商业案例概述（Outline Business Cases，OBC）进行物有所值评价。第三步是采购层级（Procurement Level）评估，该层级的评价是一个持续性的过程而不是仅在事前进行，以此确保在采购阶段就能达到预期目标。

当前我国执行的物有所值评价参考了英国所提出的主要思想，并进行了一定修改。物有所值评价在 PPP 项目合作中的地位十分重要，是 PPP 项目开展识别阶段不可或缺的环节。国家发展改革委和财政部先后出台了《基础设施和公用事业特许经营管理办法》与《关于推广运用政府和社会资本合作模式有关问题的通知》，对 PPP 项目的物有所值评价提出了硬性要求。要在 PPP 与传统政府采购模式之间综合两者利弊作出选择需要有更为具体和可以评估的指标进行筛选，物有所值评价（Value for Money）是重要的决策依据。

物有所值评价主要分为定量和定性两种方式。财政部出台的《PPP 物有所值评价指引（试行）》认为当前以定性分析为主，鼓励开展定量评价。定性分析是以专家评价为主的计分方式。该方法因使用方便、操作性强而受到各项目的推崇，但其主观性较强，并不能作为未来发展的主要方向。相比之下，定量方式的开展相对困难，不少项目尚未开展有效测算。物有所值评价定量分析的基本思想是将 PPP 全生命周期的现值成本（PPP 值）与公共部门在同一时间内的支出成本（PSC 值）进行比较，判断是否真正降低项目周期内的成本支出。《操作指南》要求财政部门会同行业主管部门对每一个处于识别阶段的 PPP 项目进行物有所值评价。在项目准备阶段，实施机构对实施方案进行物有所值评价并报公共部门进行验证和审核，如不通过，可以进行方案调整后再次验证，重新评价仍无法通过的，则取消该 PPP 项目。

定量评价内容主要包括三个部分：一是传统政府采购模式下，建设和运营维护项目的净成本；二是竞争性中立调整值；三是项目的风险成本。其中建设和运营维护费用包括现金、固定资产、土地等实物资产和无形资产的价值，以及人工管理和销售管理等财务费用，同时扣除了转让租赁产生的收益与回报机制下获得的收入。竞争性中立调整是对传统政府采购模式下可能少支出费用的计算，诸如土地费用、审批费用等。风险成本是本书关注的重点。在物有所值评价中，风险成本包括可分担给社会资本的风险成本与公共部门自留的风险成本。公共部门自留的风险也就是公共部门在 PPP 项目中分担的风险支出责任，此时 PSC 值与 PPP 值完全相同，可不进行比较。由于物有所值评价计算时所用的数值均为现值，故需要进行折现。《政府和社会资本合作项目财政承受能力论证指引》要求各地参考同期地方政府债券收益率确定。定量评价是项目全生命周期内风险分担、成本测算和数据收集的重要手段，是项目决策和绩效评价的参考依据（见图 4.1）。

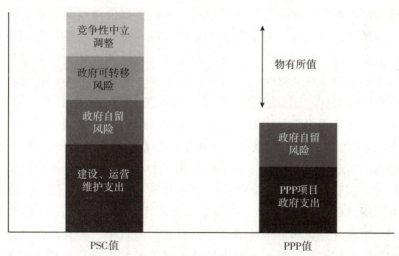

图 4.1　PPP 物有所值计算内容示意图

　　总言之，为了能够证明采用 PPP 模式是最优选择，PPP 项目的提议者需要详细计算项目在 PPP 合作机制框架下和传统政府采购模式下所有时期可能产生的建设/运营成本费用支出、项目经营收益、行政审批费用豁免、融资成本支出等。进行详细且准确的物有所值评价定量分析难度较大，十分复杂。物有所值评价的定量分析是当前国内 PPP 模式中能够体现合作双方对于项目风险的唯一量化表现，故本书以此为基础进行进一步推演。

4.2.2　物有所值评价法的不足

　　物有所值评价的定量分析是每一个项目在设立阶段由项目的提出方（通常为公共部门）和项目咨询公司进行设计、测算、评价的。由于各项目具有行业和地区的差异性，实际的测算结果会受到一些质疑。该方法存在的不足主要包括以下几个方面。

第一，根据笔者调研，PPP 咨询机构普遍对于当前的物有所值评价持不积极态度。特别是对于量化评价，一些 PPP 咨询机构认为当前的评价方式流于形式，缺乏实际指导意义。由于缺少操作规范，结果可被"操纵"，为了达到物有所值的目的，很多变量存在调整空间，从而很难准确达到真实反映项目实际情况的目标。对于公共部门而言，为了推动项目落地，通过操纵指标来实现"物有所值"是较为常用的方法。因为存在信息不对称，具体的项目数据仅由公共部门掌握，项目主导部门可在缺少第三方见证的情况下随意进行更改。从激励的角度来看，公共部门或社会资本方邀请项目咨询公司辅助进行材料撰写，项目咨询公司没有动机将项目的物有所值计算为不达标，如果未能推动项目顺利进行，则项目咨询公司无法获得咨询费用。举例来讲，折现率没有统一的计算方式。PPP 项目一般是连续性、长期性的工程和运营项目，而物有所值评价是将 PSC 值和 PPP 模式现值进行对比，因此通过计算而得出的现值大小是人们关心的重点。目前实践中计算现值所采用的折现率数值包括但不限于不同年限的国债利率、不同年限的本地地方债利率、人民银行公布的不同年限的存款利率等。不同的折现率之间差异较大，甚至存在几百个基点的差距，造成现值估计出入较大。在传统政府采购模式下，公共部门在较远的未来会清偿贷款，并实现总体的支出减少，不少项目存在净盈利的情况。在 PPP 模式下，在采用政府付费和可行性缺口补助模式的项目中，公共部门支出长期处于较为平滑的状态，较少出现大幅波动或者骤然盈利与亏损的情况。两者的现金流产生方式不同也决定了不同折现率情况下现值的差异。在某一折现率下，传统政府采购模式可能更加节约成本，而在另一折现率下，则可能得出相反的结论。

第二，风险分担计算较为粗糙。区别于传统项目，PPP 的主要特征之一是公共部门和社会资本共同分担项目建设和运营时期所面临的风险（赖丹馨和费方域，2010；刘薇，2015）。综合分析财政部 PPP 中心已经公布的项目报告可以发现，风险分担一般遵循三大原则：（1）最优风险配置，即风险应由最能承担该项风险的部门承担。（2）风险与收益对等，即承担风险的背后应当赋予更多的收益，在期望价值下达到均衡。（3）风险可控，即不能要求任意一方承担超出自身能力的风险，否则可能面临项目失败的风险。《政府和社会资本合作项目财政承受能力论证指引》第二十一条规定，风险承担支出应充分考虑各类风险出现的概率和带来的支出责任，可采用比例法、情景分析法及概率法进行测算……在各类风险支出数额和概率难以进行准确测算的情况下，可以按照项目的全部建设成本和一定时期内的运营成本的一定比例确定风险承担支出。目前，大多数开展 PPP 物有所值定量分析的项目报告认为，施工建设项目风险评估复杂且难以计算，因而使用比例法进行估计，一般将比例定为运营成本的 10%。该做法存在较大的问题，例如，一些风险的影响并不是仅仅在当期出现，其可能影响未来几年，甚至是持续性的影响。在项目运营中，经济波动会造成收入和使用量的变化，则后续所有运营期间的费用均将有所调整，难以按照预计的额度进行计算，或者出现设计缺陷等问题，需要在后期完善补充。这些均不能按照当期运营支出的百分比计算。同时，当项目运营较好、效率较高时，可能会伴随着收益和运营成本的同时增加。如体育场馆设施在高强度使用下，设备的使用周期必然会低于预期；轨道交通在人员客流量突破预先估计后，会配置更多车辆，增加检修频率；等等。通常而言，处于较好状态的项目反而会运营得更加稳定。经营性收入也会带给公共部门和社会资本双方更多收入用于风险的支出，仅仅将运营支出作为风险有所不妥。

第三，该方法缺少情景计算。物有所值计算仅考虑了一种情况下的项目价值。在物有所值评价的定量分析中，项目计算应当考虑不同情景。一些较为完善的定量评估项目对不同情景中项目的失败风险和收益进行了概率评估并作出解释，但是大部分项目并未作出明确的说明。尽管如此，在详细的定量分析中，项目方所给出的计算表格仅适用单一情景下的费用支出与收入情形。现实中，对公共基础设施项目使用量的预测较为困难，不少项目因为自身估计错误而导致退出 PPP 程序，或者造成项目终止。

4.3 PPP 的现金流计量法

4.3.1 现金流计量法的原理与优势

对 PPP 项目的风险开展评估首先需要一套切实可行的分析框架，然而截至目前，尚未有研究能够提供，主要原因包括以下几个方面。

一是个体差异较为明显。PPP 模式主要应用于公共服务设施，涵盖范围广。目前，财政部 PPP 中心项目管理库将 PPP 项目类型分为一级和二级两个层级，其中一级有 19 种，二级有 70 余种，涵盖了当前主要公共服务设施。项目范围广泛导致的难题是不同项目专业性强且具有较大的差异性，如果要详细评价某一行业的 PPP 项目，必须具有足够的从业经验及专业知识。因此，一个应用于所有 PPP 项目的风险评价框架通常难以充分考虑每一个项目的特点。

二是参与主体多。参与 PPP 项目活动和运营的个体包括公共部门和私人部门。传统的公共服务设施项目通常不涉及社会资本的决策与管理，公共部门负责从决策到项目管理的全流程。无论项目效益如何，都是公共部门的内部问题，不涉及利益与风险分担的问题。

三是统计性数据不足。经济理论可以指导风险管理，并提出切实可行的管理办法，但风险评估需要数据对理论进行支撑。在金融风险评估模型中，翔实的个体数据和充足的时间序列是评估个体风险必要的基础。这一困难在主观方面体现为：管理部门要求 PPP 项目相关支出情况必须进行公示，但目前项目支出情况披露程度较低、数据细节较少、个体数据获取难度大。其在客观方面表现为：PPP 付费均为年度统一进行，截至数据统计时段，也仅距离项目开展后数年，不具备统计上的有效性，可能存在较大的偏差。

为解决上述困难，本章研究的目标是构建一个能够体现项目差异性、包含参与者支出行为且仅需要较少基础数据的评价模型，最终为地方公共部门测算支出提供一个技术工具。该评价模型应当是通用的、可计量的。所谓"通用的"，是指其基本上可以适用于任何 PPP 项目，表达出项目的基本特性和特征；所谓"可计量的"，是指其能够通过已有的数据开展定量分析，得到一个可对比的数字结果。

结合物有所值评价定量分析的思路，本书尝试提出一种"现金流计量法"。该方法的基本思路是根据 PPP 项目的合作模式、行业特点和外部经济环境参数，计算出公共部门在每一个合作期内的实际付费金额。因此，本书将现金流计量法定义为"通过计算 PPP 项目每一期现金流而进行评价的方法"。

现金流计量法在物有所值定量评价的基础上具有以下几个优点。

其一，从全生命周期的视角对 PPP 项目进行评估。目前已有的 PPP 风险评价方法往往以项目投资额作为唯一计量标准。这一方法存在两个问题：一是投资额在 PPP 项目合作中仅仅在项目运行的一个环节中体现，且通常不是合作期间中时间最长的一个环节，往往不是以一个单独时间点出现，仅使用这一指标是以偏概全的（见图4.2）。使用现金流计量法则避免了这一问题，该方法将投资额的支出置于项目建设周期中，清晰地展示了该笔资金的流量和时间信息。二是长达数十年的项目在研究中以一个时间点的形式体现，显然是不合理的。而现金流计量法从全生命周期的视角计算了在合作期间每一个周期内可能产生的现金流。这也将每一项风险支出暴露于可能发生的时间阶段，充分展示其产生的影响。

图 4.2　PPP 流程示意图

　　其二，以收支双向的视角进行评估。PPP 项目中公共部门的实际现金流向包括向社会资本的付费和项目收入所获得的共享收益，以往的研究仅计算了投资额的影响，这可能是不准确的。例如在 TOT 类型的项目中，项目投资额是社会资本方购买特许经营权向公共部门的付费，而不是公共部门的支出。此外，不少 PPP 项目具有一定的市场运营能力，可以向使用者收取费用。如在可行性缺口补助机制中，公共部门支付的费用是对项目收益不足的补助，而不是项目运营的全部成本。这一点在以前的研究中没有体现。

　　其三，为 PPP 项目风险提供了定量评价的测算工具。尽管当前的物有所值评价仍有很多缺陷，但这是目前对 PPP 项目风险规模进行定量研究的唯一样本。现阶段对 PPP 项目风险的研究主要集中在定性评价阶段，然而定性评价具有较强的主观性，缺少合理的客观事实作为支撑。物有所值的定量分析通过数学计算，证明了项目全生命周期的实际费用低于传统政府采购模式，为定性分析提供了有效的数据支持。

　　其四，将不同因素有机结合在一起。PPP 项目风险的研究与项目所处合作阶段及运营情况关系密切。物有所值评价将不同时期可能的风险支出分别放置于每一时期，风险支出拨付配额与当年运营情况具有关联性。但以往的研究忽略了 PPP 项目不同时期的特点，将风险一概而论。只有明确不同情况下不同部门的现金流情况，将符合不同项目特点的特征数据代入其中，找到风险出现的位置，更为准确地评估风险的规模，才能进一步确定风险的影响。

当然，该方法也存在一定的不足之处，主要表现为该方法只能用于PPP项目整体的评价，而不适用于针对每一个个体的评估。为了在有限的数据范围内对项目进行更为有效的评价，本书的模型在保留了主要宏观特征后，忽略了个体项目在现实中表现出的种种个体差异性。不过，在本书的应用情景中，现金流计量法作为PPP项目的整体评价工具是可行的，从PPP项目的宏观角度看，每个个体的差异性在进行足够数量的样本统计后可以忽略不计。换言之，这些扰动因素在整体的估计上不存在显著性影响。

4.3.2　现金流计量法的项目模式分类

正如前文所述，PPP在实践中不止有一种模式。本书为了进行更为明确的计算，首先对当前施行的PPP项目进行分类。依据PPP的性质，可以按照回报机制和运作方式结合不同模式下的特点进行分析。具体而言，目前使用的PPP共有三种回报机制。

第一，政府付费机制。该模式主要适用于难以市场化运作的项目。在项目招标通过后，公共部门可以选择拨付一定款项，用于成立项目公司。因为无法进行市场化运作，社会资本方没有其他的收入来源，完全依靠公共部门拨款进行运作。这里的拨款资金不仅涵盖了运作项目的各种成本，同时也包括了社会资本方作为投资者需要的合理收益。换言之，当使用政府付费机制时，所有的最终成本仍然留在公共部门。在早期的PPP项目中，不少项目并未进行绩效评估，也不能实现"物有所值"的目标，最终成为"明股实债"的兜底项目，将风险留在公共部门内部。这也是以前PPP项目进行清退库存时候遇到的主要问题。

第二，可行性缺口补助机制。具有一定市场经营能力的项目是该模式的主要适用对象。在项目招标通过后，公共部门可以选择投入一定资金，成立项目公司并作为项目股东。公共部门根据项目运行的绩效进行评估，当绩效达到合同规定的目标但未达到预期利润时，公共部门对社会资本方的投入进行补助。当绩效达到合同规定的目标且达到预期利润时，公共部门可不进行任何操作，也可以根据合同约定分享项目利润。而当项目运行未达到合同规定的绩效目标时，公共部门不进行任何操作或根据合同规定减少补助资金。

第三，使用者付费机制。该模式主要适用于具有完全市场经营能力的项目。公共部门仅在项目招标通过后，选择是否投入资金成为项目股东。

此后，不涉及重大公共利益的项目盈利与亏损不再与公共部门有关联，所有资金风险都由社会资本方承担。

项目的市场化水平决定了公共部门如何从三种合作机制中选择一种合适的机制，而项目资产的增加或转移决定了项目的运作方式。管理部门将 PPP 项目的运作方式分为 BOT、ROT、BOO、TOT、MC、O&M 等多种类型，每种类型存在一些细节上的差异。对于风险评估而言，这些差距可以忽略不计。本书认为，根据是否进行前期建设，可以将当前的 PPP 项目分为以下两类。

第一类是包括 BOT、ROT、BOO 等在内的建设运营型 PPP 项目。此类项目皆属于增量项目，项目公司成立后的第一任务是建设新的公共设施，故此类项目的特点是在合作期的前几年内进行施工建设。上述三种回报机制在此段时间内均不涉及运营工作，公共部门不需要解决建设的融资问题，但应当支付项目公司成立时的资本金，配合加快完成有关手续的审批工作和提供相应资质与土地。项目在建设完成达到预期目标后转入运营期，根据不同的回报机制，公共部门进行不同的支付行为。

第二类是包括 TOT、MC、O&M 等在内的存量运营型 PPP 项目。根据《操作指南》中的文件说明，这类项目均不涉及建设新项目，而是将公共部门当前的存量资产转移至项目公司名下进行运营、维护等工作。因此，在双方签约正式成立项目公司当年，公共部门便需要根据项目的回报机制进行支付行为。

需要特别说明的是，不少 PPP 项目在项目管理库登记时将项目列为"其他"。此类 PPP 项目大多为整合多种合作机制子项目的"项目包"。例如，某地区垃圾回收 PPP 项目可能将部分厂房以 ROT 形式重建，其他厂房又以 BOT 形式新建。"其他"类型中完全属于存量运营类型的项目十分少见，即使打包项目中存在转让的方式，也通常在建设项目完成后一起运作。为了便于计算，本书不再对打包项目内的子项目开工时间分别考虑。因此，"其他"类型也划分至建设运营类项目。

综上所述，本书将不同的 PPP 回报机制和运作方式组合成 6 种更加具体的 PPP 合作模式：建设运营+政府付费；建设运营+可行性缺口补助；建设运营+使用者付费；存量运营+政府付费；存量运营+可行性缺口补助；存量运营+使用者付费。依据各类型的基本特点，本书将对公共部门每年付费流量提出假设并建立计量模型。

在实际使用中，该 6 种模式并不是平均分布的（见图 4.3）。财政部

PPP 中心项目管理库数据显示，长期以来建设运营类项目最受到各地公共部门推崇，占执行阶段项目数量的 95% 左右，仅有少数是通过移交存量项目方式合作的。这印证了当前 PPP 模式的主要作用是协助公共服务设施建设、解决地方财政资金不足的看法。

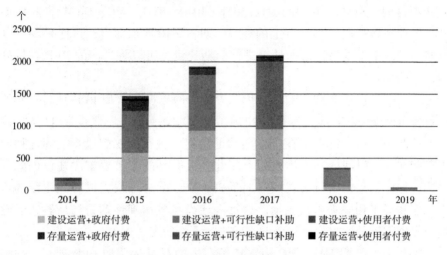

图 4.3　2014—2019 年 PPP 模式类型分布（执行阶段）

2018 年以前，政府付费机制与可行性缺口补助机制是所有合作模式中的主流方式。这一阶段全国 PPP 项目出现了粗放式发展的现象。为了进行规范，2017 年财政部下发文件，要求各地政府不得以"明股实债"形式以 PPP 为借口进行融资，不得对 PPP 项目支付与风险进行兜底，加强对 PPP 运营阶段的考核。同时，伴随防范系统性金融风险及国内金融监管力度加大，新落地的 PPP 项目逐渐走向小而精的方向，采用政府付费机制的 PPP 也逐渐回落至较低水平，可行性缺口补助成为当前的主流回报机制。

4.3.3　PPP 项目现金流计量法

根据以上分析，建立的模型还需要满足其前提假设条件，本书在参考已有的 PPP 项目合同基础上作出如下设定。

在项目成立阶段，其一，在项目发起的当年，各种项目审批手续通常需要持续一段时间，进行合规的招投标过程并组建项目公司大多需要半年到一年时间，即筹备阶段。因此，本书设定 PPP 项目发起的第二年为项目公司组建运营的第一年，即项目发起年为 t 年，项目运营的第一年为 $t+1$ 年。

其二，在第一年成立项目公司时，项目公司将通过股权形式从公共部门和社会资本双方获得项目投资额的一定比例作为项目资本金，其余部分将由社会资本方通过债务或贷款等方式进行融资。公共部门在项目公司中持有一定比例的股权，财政部文件规定，这一比例的范围为 0 至 50% 以下（不含）。若公共部门选择通过股权进行投资合作，建设运营类项目在项目建设期间分期支付，支付的时期长度与建设周期相同，支出额度每年相同。对于存量运营类项目而言，社会资本在项目合作期第一年支付特许经营权费用。

在项目运营阶段，其一，无论是投资使用者付费、可行性缺口补助或是政府付费项目，社会资本方最终的期望收益率都是相同的。该条件假定社会资本方不会特别偏好某一种付费机制或运作方式。

其二，在可行性缺口补助类项目中，社会资本方可以实现项目的基本收支平衡，但是没有投资收益。换言之，公共部门进行补助的"可行性缺口"恰好为社会资本的投资收益。

其三，公共部门若需要对项目运营支付相关费用，在不考虑风险的情况下，每年支付完全相同的额度。

在其他方面，其一，因 PPP 项目周期较长，需要考虑通胀与折现的因素。不过，在进行投资额度计算时，项目建设期较短（通常为 1~2 年），股权支付阶段通常不考虑通胀等因素，实践中项目方也不会对认缴金额的时间成本进行过多争论。而对于投资利润、运营成本、运营收入的计算与有关情况下公共部门的补贴数量需要考虑折现因素。为便于计算，本章假设折现率完全相同。

其二，关于项目公司投资额的认定。根据对 PPP 项目合同的研究，本书认为，对于建设运营类项目，投资额主要是以建设安装为主体、其他相关费用为辅的一项费用。换言之，对于建设运营类项目，投资额只运用于建设时期支付相关成本而不考虑后续的运营成本或仅考虑极少数相关费用；对于存量运营类项目则拥有不同的含义，投资额可以被认为是项目公司为获得特许经营权而需要支付的费用，也就是特许经营权的价格。这部分价格由社会资本方在项目成立时，签署资产转移协议后支付给公共部门，其通常是以存量的资产价格来确定的。

其三，模型的计量均是以年为单位进行付费。在实践中，无论 PPP 项目的发起时间和批准时间在一年中的任何时间，合同通常都约定公共部门在年底进行考核付费。如以月度或者季度为单位更为细致地建立模型便与实际不相符合。

根据以上设定，本书分阶段对不同类型 PPP 模式的现金流进行计算，具体包括以下几个步骤。

第一，需确认项目已经进入实施阶段，若项目始终未进入实施阶段，则不予考虑。尚未进入实施阶段的项目按照财政部 PPP 中心的分类均处于准备阶段，项目大多处在论证或招投标磋商阶段，此时公共部门不需要为项目进行任何付费（暂不考虑产生的项目推介咨询费用）。因此，这类项目不在本书下文的实证研究样本范围内。

第二，设立项目公司时公共部门股权支出的计算。在任何模式下，公共部门都需要出资作为股东投资项目公司，因此有

$$公共部门股权支出 = I \times r_{股权} \times r_{政府股权} \tag{4.1}$$

其中，I 为项目投资额，$r_{股权}$ 为项目公司中股权融资比例，$r_{政府股权}$ 为项目公司股权部分中公共部门出资比例。

根据设定，对于 BOT、ROT、BOO 等需要进行建设的项目，公共部门注资项目公司的股权平均分布于建设期，公共部门在项目建设期间仅需要为股权进行支付，即

$$建设运营类项目公共部门每期股权支出 = \frac{公共部门股权支出}{i_{建设}} \tag{4.2}$$

其中，$i_{建设}$ 为项目建设周期长度。

而 TOT、MC、O&M 等运作方式均不需要建设新项目，不存在建设期，故与项目成立时的公共部门行为有所不同：在项目合作的第一年，公共部门根据合同协议，将部分资金划拨至项目公司，成为股权的一部分。现实中，这一部分资金通常是以资产的形式进行划拨，并没有实际的支出。更为重要的是，同期社会资本方需要支付特许经营权费用至公共部门，由此可以得到

$$存量运营类项目公共部门股权支出 = - I \times (1 - r_{股权} \times r_{政府股权}) \tag{4.3}$$

第三，运营期间的支出与收入计算。

政府付费、可行性缺口补助、使用者付费 3 种不同的回报机制依据其基本定义可得到 3 种运营期支付方法。

一是采用政府付费机制时，公共部门出资需要涵盖社会资本所有投资成本、运营期成本、投资收益。社会资本的投资包括股权投资和使用贷款融资两项。在投资成本部分，本书采用资金回收系数法计算每年需要回收的资本金数量，即

$$资金回收系数 A = \frac{i(1 + i)^n}{(1 + i)^n - 1} \tag{4.4}$$

对于不同的资金来源，公共部门通常采取不同的补助方法：社会资本自有资金可以获得具有合理利润的投资收益，该比例记为 $r_{利润}$，合理利润率应满足非暴利的原则，而通过债务融资获得的收益只能拿到等同于招标时中标贷款利率的补贴，故两者的资金回收系数分别为 A_1 和 A_2。同时，随着价格不断变动，每年公共部门需要不断增加对利润的补贴，每年变化幅度为 $1 + inf_t$，其中 inf_t 为项目开始后第 t 年的通胀率。故在每一个运营年内将付费的金额为

$$政府付费机制运营年付费 = (1 - r_{政府股权}) \times r_{股权} \times A_1 + (1 - r_{股权}) \times A_2 +$$

$$I \times r_{运营成本} \times (1 + r_{利润}) \times \prod_{t=0}^{n} (1 + inf_t) \tag{4.5}$$

其中，n 为项目合作期的第 n 年，因每个行业的特点不同，难以完全掌握所有行业的年运营成本，但项目的运营成本通常与项目投资额有关，投资额越高，项目的运营成本越大。因此，我们假设运营成本与投资额呈线性关系，即

$$运营成本 = I \times r_{运营成本} \tag{4.6}$$

二是采用可行性缺口补助机制时，根据前文的设定，社会资本刚好达到盈亏平衡，即项目经营收入可以冲抵项目经营成本，公共部门仅需要补助当年的合理利润即可。考虑价格变化造成的影响，可得

$$可行性缺口补助机制运营年付费 = (1 - r_{政府股权}) \times r_{股权} \times A_1 +$$

$$(1 - r_{股权}) \times A_2 + I \times r_{运营成本} \times r_{利润} \times \prod_{t=0}^{n} (1 + inf_t) \tag{4.7}$$

三是采用使用者付费机制时，在运营期间由设施的使用者，包括但不限于公共机关单位、公民、社会资本以及其他市场上可能使用的成员进行支付。故可以认为

$$使用者付费机制运营年付费 = 0 \tag{4.8}$$

根据不同的回报机制和运作方式进行组合，可得到不同模式下最终的支付流量。在建设期需要考虑股权支出和是否需要进行建设而产生的维护费用支出，在运营期则需要根据不同的回报机制确定收益。

表 4.1 对不同运作方式和回报机制的 PPP 模式现金流计量方法进行了总结。

表 4.1 PPP模式下公共部门支出现金流量法模型

建设运营类项目

回报机制	项目建设期间公共部门支出	项目运营期间公共部门支出
政府付费	$\dfrac{I \times r_{股权} \times r_{政府股权}}{i_{建设}}$	$(1-r_{政府股权}) \times r_{股权} \times A_1 + (1-r_{股权}) \times A_2 +$ $I \times r_{运营成本} \times (1+r_{利润}) \times \prod\limits_{t=0}^{n}(1+inf_t)$
可行性缺口补助	$\dfrac{I \times r_{股权} \times r_{政府股权}}{i_{建设}}$	$(1-r_{政府股权}) \times r_{股权} \times A_1 + (1-r_{股权}) \times A_2 + I \times r_{运营成本} \times r_{利润} \times \prod\limits_{t=0}^{n}(1+inf_t)$
使用者付费	$\dfrac{I \times r_{股权} \times r_{政府股权}}{i_{建设}}$	0

存量运营类项目

回报机制	项目首年公共部门支出	其他运营时间公共部门支出
政府付费	$(1-r_{政府股权}) \times r_{股权} \times A_1 + (1-r_{股权}) \times A_2 + I \times r_{运营成本} \times$ $(1+r_{利润}) \times \prod\limits_{t=0}^{n}(1+inf_t) - I \times (1-r_{政府股权})$	$(1-r_{政府股权}) \times r_{股权} \times A_1 + (1-r_{股权}) \times A_2 +$ $I \times r_{运营成本} \times (1+r_{利润}) \times \prod\limits_{t=0}^{n}(1+inf_t)$
可行性缺口补助	$(1-r_{政府股权}) \times r_{股权} \times A_1 + (1-r_{股权}) \times A_2 +$ $I \times r_{运营成本} \times r_{利润} \times \prod\limits_{t=0}^{n}(1+inf_t) - I \times (1-r_{政府股权})$	$(1-r_{政府股权}) \times r_{股权} \times A_1 + (1-r_{股权}) \times A_2 +$ $I \times r_{运营成本} \times r_{利润} \times \prod\limits_{t=0}^{n}(1+inf_t)$
使用者付费	$-I \times (1-r_{政府股权})$	0

4.3.4　传统政府采购模式现金流计量法

传统政府采购模式与 PPP 模式的背景条件有所不同。为了能够进行对比，下文将给出一个同等条件适用于 PPP 项目的支出模型，同时还需要作出如下设定和说明。

其一，传统基础设施建设项目一般是通过业务主管的行政单位进行申报立项，经过内部程序审批完成后，委托城投公司进行投资建设。不过新修订的《预算法》规定，现阶段公共部门只能使用发行公共部门债券的方式进行债务融资，严禁通过其他任何渠道举债。当前在业务上对城投公司的贷款也逐步收紧，城投公司大多以债券形式获得融资。因此，本书认为传统政府采购模式下的融资都是以发行债券方式进行的。

其二，在传统政府采购模式下，同一项目的投资额与采用 PPP 模式时完全相同，但公共部门仍然需要支出投资总额的一部分作为项目的注册和启动资金，该部分资金由财政资金直接承担。

其三，建设运营类项目在传统政府采购模式下的付款方式在实践中有多种形式，但概括来看，不同的付款方式都按照建设完成的不同阶段进行分期支付。此处仍然假设建设运营类项目需要一定时间进行建设，在建设期公共部门以等量的资金支付建设成本。

其四，因公共设施投资金额较高，部分投资将采用债务融资的方式。通常公共部门为了追求更低的债务成本，会选择发行更为短期的债务以获得更低的利率，但与之对应的大量公共部门债务并不能够在短期内真正偿还，许多项目以接续的形式滚动出现。故本书假定项目期的长短决定了公共部门债务的最终偿还年限。

根据以上设定，传统政府采购模式的现金流计量方法包括以下步骤。

第一，项目建设期支出的计算。没有社会资本参与投资时，公共部门只能采用一种融资方式。因此，对于所有项目均可视为完全相同的方法。对于适用于 PPP 模式的建设运营类项目，在建设期间公共部门的支付额度为

$$建设运营类项目建设期支出 = \frac{I}{i_{建设}} \tag{4.9}$$

其中，I 为项目投资额，$i_{建设}$ 为项目建设周期长度。需要特别说明的是，该期支出的部分资金是通过债务形式出现的，在项目末期公共部门会偿还债务本金，为了避免现金流被重复计算，本步骤中建设期的自有资金支出应当为使用自有资金的部分，即

$$建设运营类项目建设期自有资金支出 = \frac{I \times r_{股权}}{建设周期} \tag{4.10}$$

其中，$r_{股权}$为公共部门通过自有资金（不通过举债）投入项目的资金的比例。本书设定该比例与使用 PPP 模式成立项目公司时设立的股权比例完全相同。

而存量运营类项目，因为具有存量资产不需要更多扩建，不存在建设期。

第二，项目运营期间支出与收入的计算。传统政府采购模式下，无论是建设运营类项目还是存量运营类项目，在运营期间仅需要公共部门单独支出有关费用，不需要考虑支付社会资本方投资成本补助与合理利润。同时，维护费用也仅需要考虑随着通胀的变化相关价格的不断调整，不需要考虑运营周期的合理利润。然而，由于公共部门对于市场的控制能力与社会资本相比相对较弱，因此会存在更高的运营成本，设定成本系数为 δ。

（1）适用于政府付费模式的项目不具有收入，在传统政府采购模式下的运营支出行为如下：

$$原政府付费运营成本支出 = \delta \times I \times r_{运营成本} \times \prod_{t=0}^{n}(1 + inf_t) \quad (4.11)$$

此处与前文相同，$I \times r_{运营成本}$ 是对项目运营成本的估算，每一期随着价格变化支付费用调整幅度为 $1 + inf_t$。

（2）适用于可行性缺口补助模式的项目因为存在经营收入，假设公共部门进行经营同样可以获得一定的收入，且在经营良好的条件下经营收入与运营成本完全相同，经营收入同样与项目投资额呈线性关系，即经营收入 $= I \times r_{收入}$，$r_{收入} = r_{运营成本}$。因此，使用可行性缺口补助模式的 PPP 项目在传统政府采购模式下的运营支出为

$$原可行性缺口补助项目支出 = (\delta \times r_{运营成本} - r_{收入}) \times \prod_{t=0}^{n}(1 + inf_t)$$

$$(4.12)$$

（3）适用于使用者付费模式的项目由于具有完全的收入能力，本书假设在良好的运营情况下可以获得与 PPP 模式下相同的收入能力，该收入由两部分组成，一部分是在 PPP 模式中用于投资项目的收益（$r_{股权} \times A_1 + (1 - r_{股权}) \times A_2$），另一部分是项目运营期的经营收益。故可以得到：

$$原使用者付费项目收入 = -(r_{股权} \times A_1 + (1 - r_{股权}) \times A_2) +$$

$$(\delta \times r_{运营成本} - r_{收入}) \times (1 + 收益率) \times \prod_{t=0}^{n}(1 + inf_t) \quad (4.13)$$

第三，计算每年支付债务的利息与末期支付的本金。

$$利息偿付 = I \times (1 - r_{股权}) \times r_{融资利率} \quad (4.14)$$

$$负债本金 = I \times (1 - r_{股权}) \quad (4.15)$$

表 4.2 对传统政府采购模式的现金流计量方法进行了总结。

表 4.2　传统政府采购模式下公共部门支出现金流计量法模型

对应原 PPP 回报机制	项目建设期间年公共部门支出	建设运营类项目	
		项目运营年政府支出	项目运营最后一年政府支出
政府付费	$\dfrac{I \times r_{股权}}{i_{建设}}$	$\delta \times I \times r_{运营成本} \times \prod\limits_{t=0}^{n}(1+inf_t) + I \times (1-r_{股权}) \times r_{融资利率}$	$I \times \delta \times r_{运营成本} \times \prod\limits_{t=0}^{n}(1+inf_t) + I \times (1-r_{股权}) \times r_{融资利率}$
可行性缺口补助	$\dfrac{I \times r_{股权}}{i_{建设}}$	$I \times (\delta \times r_{运营成本} - r_{收入}) \times \prod\limits_{t=0}^{n}(1+inf_t) + I \times (1-r_{股权}) \times r_{融资利率}$	$I \times (\delta \times r_{运营成本} - r_{收入}) \times \prod\limits_{t=0}^{n}(1+inf_t) + I \times (1-r_{股权}) \times r_{融资利率}$
使用者付费	$\dfrac{I \times r_{股权}}{i_{建设}}$	$-(r_{股权} \times A_1 + (1-r_{股权}) \times A_2) + I \times (\delta \times r_{运营成本} - r_{收入}) \times (1+r_{融资利率} \times (1+r_{利润})) \times \prod\limits_{t=0}^{n}(1+inf_t)$	$-(r_{股权} \times A_1 + (1-r_{股权}) \times A_2) + I \times (\delta \times r_{运营成本} - r_{收入}) \times (1+r_{融资利率} \times (1+r_{利润})) \times \prod\limits_{t=0}^{n}(1+inf_t)$

对应原 PPP 回报机制	存量运营类项目
	运营期间
政府付费	$I \times \delta \times r_{运营成本} \times \prod\limits_{t=0}^{n}(1+inf_t)$
可行性缺口补助	$I \times (\delta \times r_{运营成本} - r_{收入}) \times \prod\limits_{t=0}^{n}(1+inf_t)$
使用者付费	$-(r_{股权} \times A_1 + (1-r_{股权}) \times A_2) + I \times (\delta \times r_{运营成本} - r_{收入}) \times (1+r_{利润}) \times \prod\limits_{t=0}^{n}(1+inf_t)$

4.4 PPP 模式与传统政府采购模式的公共部门支出对比

前文已就不同合作模式的 PPP 现金流计量法模型进行了建模，本部分将对这些模型进行初步分析，将公共部门在 PPP 模式与传统政府采购模式下的支出行为进行对比，为下文计算具体的微观风险以及宏观债务风险做好铺垫。需要特别说明的是，从风险的角度看，本部分对于风险的度量仅是从现金流支出的角度进行的，暂不涉及具体的某一类型风险点。这部分内容将在后文中进行详细分析。

4.4.1 不考虑折现的情景分析

我们先对不考虑折现的情况下 PPP 模式与传统政府采购模式中的公共部门支出进行分析。公共部门支出的不折现情况主要基于以下原因：与 GDP 等经济指标增速不同，无论在任何研究中，财政支出与收入都不考虑折现的影响。此外，在统计和定量分析中，财政收支的变化为"名义增速"，且不存在类似于"GDP 平减指数"的指标系数。故不考虑折现的情景可以更有效地适用于分析财政支出。

由前文分析可知，无论是采用 PPP 模式还是采用传统政府采购模式，相关计算都是基于投资额进行的。因此，衡量同一个项目在不同模式下的支出行为时，可以将投资额一项简化，将每个项目投资额设为单位值 1。

首先，对于政府付费机制的建设运营类项目，运营费用在建设周期结束后开始产生。根据表 4.1 和表 4.2，公式相加便可得到不同模式下的全生命周期付费总和。

其中，采用 PPP 模式的项目付费总和为

$$r_{股权}r_{政府股权} + Nr_{股权}(1 - r_{政府股权})A_1 + N(1 - r_{股权})A_2 +$$
$$\sum_{t=i}^{N}\left(r_{运营成本}(1 + r_{利润})\prod_{j=1}^{t}(1 + inf_j)\right) \qquad (4.16)$$

采用传统政府采购模式的项目付费总和为

$$r_{自有资金} + N(1 - r_{自有资金})r_{融资利率} + (1 - r_{自有资金}) +$$
$$\sum_{t=i}^{T}\left(\delta_t r_{运营成本}\prod_{j=1}^{t}(1 + inf_j)\right) \qquad (4.17)$$

其中，i 为项目的建设期时长，N 为运营期时长，T 为合作期总时长。

为了方便进行对比计算，假设每一期的价格调整是完全相同的且不存在波动，在每一期不同模式下的运营成本完全相同，价格调整幅度完全相同。如无特殊声明，本章均适用该假设。两者相减便可得到：

$$r_{股权}(r_{政府股权} - 1) + Nr_{股权}(1 - r_{政府股权})A_1 + N(1 - r_{股权})(A_2 - r_{融资利率}) -$$

$$(1 - r_{股权}) + \sum_{3}^{T}(r_{运营成本}(1 + r_{利润} - \delta_t)\prod_{j=1}^{t}(1 + inf_j)) \quad (4.18)$$

为进一步分析该式，本书将其分为 3 个部分进行分析。

其一，资本金部分。式（4.18）的前两项是对资本金部分的计算。在 PPP 项目实施前，提起项目建议的公共部门执行单位会将合理收益在可行性报告和项目合同中进行声明。基础设施的合理收益在较长的时间内都是相对较低但十分稳定的，PPP 项目合同也极少出现运营后更改合理收益的情况。A_1 受到项目合作期 N 的影响，而项目合作期不会发生改变。因此，A_1 可以认为是给定的。进一步进行改写，求和部分可以直接以 N 期表示，即

$$r_{股权}(r_{政府股权} - 1) + Nr_{股权}(1 - r_{政府股权})\frac{i(1 + i)^N}{(1 + i)^N - 1}$$

$$= r_{股权}(r_{政府股权} - 1)\left(1 - N\frac{i(1 + i)^N}{(1 + i)^N - 1}\right) \quad (4.19)$$

其二，自有资金部分。参与 PPP 项目可以获得合理且非暴利的收益 i，i 通常大于 0。同时，$r_{政府股权}$ 大于 0 且小于 0.5。项目合作期 N 同样大于 0。从等式的角度来看，后半部分取值为 0 到 1 之间，因此，该部分在 PPP 的合理经济范围内（融资利率为 0~100%，合作周期为 0~30 年）恒定为正。

融资部分与资本金部分略有不同，具体表现在对于 A_2，不再给予较高的回报率，取而代之的是社会资本方在投标时上报的融资成本价格。

$$N(1 - r_{股权})(A_2 - r_{融资利率}) - (1 - r_{股权})$$

$$= (1 - r_{股权})N\left(\frac{r_{融资利率}(1 + r_{融资利率})^N}{(1 + r_{融资利率})^N - 1} - r_{融资利率}\right) - 1) \quad (4.20)$$

如果社会资本中标的利率高于公共部门通过债务融资的利率，公共部门补贴的总支出将会随着申报价格增长。当然，从等式后半部分来看，在合理的经济范围内，无论 $r_{融资利率}$ 与 N 取何值，均在 -1 到 0 之间，因此等式恒小于 0。

其三，运营部分。在项目运营阶段，公式中 $r_{运营成本}$ 代表每年维持项目基

本运营所需要的费用。相对较高的 $r_{运营成本}$ 意味着项目在运营期的成本更高，为了使社会资本有参与的动机，需要确定合理利润。而公共部门在项目招标过程中对社会资本方的收益承诺是参与方选择参加 PPP 项目的重要动机。在项目既定的情况下，合理利润需要公共部门从项目收益中进行让渡。此外，价格调整（预期未来支付成本的变化）也将产生影响，且同样是通过 PPP 项目合理利润补贴的变化产生。在实际操作中，公共部门为解决价格调整问题通常会采取不同的做法：一些合同认为双方应当共同承担，一些合同将这一波动风险完全推至社会资本，还有部分合同认为这完全是公共部门的责任。无论选择何种方式，承担更高的价格波动风险都将会产生更多的支出。

因此，PPP 模式下的全生命周期支出是否大于传统政府采购模式下的支出有赖于各项指标的确定。可以发现，两者之间的数值大小与不同指标之间具有直接相关性：公共部门股权占比越多、融资利率越高、社会资本运营能力越强，越偏向使用 PPP 模式，而项目股权资金比例越高、合理利润率越高、运营费用占比越高、价格调整幅度越大，则越适合使用传统政府采购模式。

其次，考察政府付费机制下的存量运营类项目。在采用 PPP 模式下有

$$Tr_{股权}(1-r_{政府股权})A_1 + T(1-r_{股权})A_2 +$$
$$\sum_{t=1}^{T}(r_{运营成本}(1+r_{利润})\prod_{j=1}^{t}(1+inf_j)) - (1-r_{股权}r_{政府股权}) \quad (4.21)$$

而在传统政府采购模式下有

$$\sum_{t=1}^{T}(\delta_t r_{运营成本}\prod_{j=1}^{t}(1+inf_j)) \quad (4.22)$$

两者相减，可得

$$Tr_{股权}(1-r_{政府股权})A_1 + T(1-r_{股权})A_2 +$$
$$\sum_{t=1}^{T}(r_{运营成本}(1+r_{利润}-\delta_t)\prod_{j=1}^{t}(1+inf_j)) - (1-r_{股权}r_{政府股权}) \quad (4.23)$$

该式的组成与式（4.18）略有不同，存量项目中公共部门可以获得 $1-r_{股权}r_{政府股权}$ 的经营权使用费，经营费可以进一步分成两部分，一部分是社会资本方用自有资金支付的 $r_{股权}(1-r_{政府股权})$，另一部分是由融资获取的 $T(1-r_{股权})A_2$。

为了更好地进行验证，本书将资本金部分和融资部分改写为

$$r_{股权}(1-r_{政府股权})\left(T\frac{i(1+i)^{T}}{(1+i)^{T}-1}-1\right)+$$

$$(1-r_{股权})\left(T\frac{r_{融资利率}(1+r_{融资利率})^{T}}{(1+r_{融资利率})^{N}-1}-1\right) \tag{4.24}$$

从推导结果看，在合理的经济范围内（融资利率为 0 至 100%，合作周期为 0~30 年），无论 $r_{融资利率}$ 与 N 取值如何，式（4.24）前半部分与后半部分中的后半段括号内的值均在 0 至 1 之间。因此，该式恒大于 0。

运营部分与前文所讨论的建设运营类项目完全相同，只有当公共部门的经营能力高于社会资本的合理收益时此式才可能为负。不过在此种情况下，项目通常不会采用 PPP 模式运作。由此可以发现在存量情景下，PPP 模式下的支出永远高于传统政府采购模式下的支出。根据式（4.24）我们同样可以总结出不同模式之间的选择与变量之间的关系：公共部门股权占比越高、社会资本经营能力越强，则越适用于 PPP 模式；合理利润率、融资利率、运营费用占比、价格调整幅度越大则越适用于传统政府采购模式。

最后，对可行性缺口补助机制下建设运营类项目、使用者付费机制下建设运营类项目的 PPP 模式与传统政府采购模式的全生命周期付费差值进行计算，均可以得到与式（4.18）相同的结果，对可行性缺口补助机制下的存量运营类项目和使用者付费机制下的存量运营类项目进行计算，仍然可以得到与式（4.23）相同的结果。

以上计算表明，同一种运作方式下，无论选择何种回报机制，公共部门需要多支付的资金都相同。无论选择何种回报机制，PPP 模式下的建设运营类项目可能都会比传统政府采购模式少支付，当然，具体支付数量的多少取决于实际参数。而 PPP 模式下的存量运营类项目始终会比传统政府采购模式拥有更多的支出。不过可以确定的是部分变量与 PPP 模式和传统政府采购模式全生命周期付费的差值之间的关系。具体如表 4.3 所示，表中"+"代表变量增加时，更有利于使用 PPP 模式，"-"的含义则相反。

表 4.3　不同变量与 PPP 选择的偏好

运作方式	项目股权	政府股权	合理利润	合作年限	融资利率	运营费用比例	价格调整	公共部门低效运营
建设运营	–	+	–	无法单独确定	+	–	–	+

运作方式	项目股权	政府股权	合理利润	合作年限	融资利率	运营费用比例	价格调整	公共部门低效运营
存量运营	无法单独确定	+	−	无法单独确定	−	−	−	+

4.4.2 考虑折现的情景分析

本书对于风险的计算是对 PPP 项目全生命周期风险进行分析，合作周期长是 PPP 项目的主要特点之一。从投资的角度而言，研究长达数十年的合作期所产生的资金流动不考虑折现问题无疑是不合适的。下文将对考虑折现情况下的公共部门支出进行分析。通过折现得到净现值也是现实中评价项目投资的常用方法，可以有效地判断项目的回报与收益的合理性。

基于未折现的现金流计算公式，对运营阶段的每一期进行折现便可得到项目的净现值。需要说明的是，由前文分析可知，PPP 项目投资额的发生与现金流的产生仅存在于建设运营类项目的建设期和存量运营类项目的第一期，存在周期相对较短，大多不考虑当期价值折现的问题；在建设运营类项目中，工程付款常常根据实际建设进度分阶段进行支付，故公共部门为设立项目公司而支付的"投资额"并不进行折现处理。为了便于计算，此处同样假设每一期折现率完全相同，价格调整幅度不变，运营成本保持固定值。

（1）政府付费建设运营的情景

折现后采用 PPP 模式的项目付费总和为

$$r_{股权}r_{政府股权} + \sum_{t=3}^{T}\left(r_{股权}(1-r_{政府股权})A_1\prod_{j=1}^{t}\frac{1}{1+r_{折现_j}}\right) +$$

$$\sum_{t=3}^{T}\left((1-r_{股权})A_2\prod_{j=1}^{t}\frac{1}{1+r_{折现_j}}\right) + \sum_{t=3}^{T}\left(r_{运营成本}(1+r_{利润})\prod_{j=1}^{t}\frac{1+inf_j}{1+r_{折现_j}}\right)$$

$$(4.25)$$

其中，A_1 为资金回收系数，当回报为 $r_{利润}$ 的资金回收系数在 $r_{折现}$ 的折现率下折现时，$A_1\prod_{j=1}^{t}\frac{1}{1+r_{折现_j}}$ 可以写为 $1+r_{利润}-r_{折现}$。运营是从第三期开始的，对运营期的支出需要再向前折现两期。因此，式（4.25）可改写为

$$r_{\text{股权}} r_{\text{政府股权}} + r_{\text{股权}} \left(1 - r_{\text{政府股权}} \right) \left(1 + r_{\text{利润}} - r_{\text{折现}} \right) +$$

$$\left(1 - r_{\text{股权}} \right) \left(1 + r_{\text{融资成本}} - r_{\text{折现}} \right) + r_{\text{运营成本}} \left(1 + r_{\text{利润}} \right) \left(\frac{1 + inf}{1 + r_{\text{折现}}} \right)^2 \frac{1 - \left(\dfrac{1 + inf}{1 + r_{\text{折现}}} \right)^N}{1 - \left(\dfrac{1 + inf}{1 + r_{\text{折现}}} \right)}$$

$$(4.26)$$

根据现实情况，价格调整 inf 与折现率 $r_{\text{折现}}$ 通常是接近于 0 的数字，故可以将 $\dfrac{1 + inf}{1 + r_{\text{折现}}}$ 近似计算为 $1 + inf - r_{\text{折现}}$。式（4.26）可以进一步写为

$$r_{\text{股权}} r_{\text{政府股权}} + 1 - r_{\text{股权}} r_{\text{政府股权}} + r_{\text{股权}} \left(1 - r_{\text{政府股权}} \right) \left(r_{\text{利润}} - r_{\text{折现}} \right) +$$

$$\left(1 - r_{\text{股权}} \right) \left(r_{\text{融资成本}} - r_{\text{折现}} \right) + r_{\text{运营成本}} \left(1 + r_{\text{利润}} \right) \left(1 + inf - r_{\text{折现}} \right)^2 \times$$

$$\frac{1 - \left(1 + inf - r_{\text{折现}} \right)^N}{1 - \left(1 + inf - r_{\text{折现}} \right)}$$

$$(4.27)$$

采用传统政府采购模式的项目付费总和为

$$r_{\text{自有资金}} + \sum_{t=3}^{T} \left(\delta_t r_{\text{运营成本}} \prod_{j=1}^{t} \frac{1 + inf_j}{1 + r_{\text{折现}_j}} \right) +$$

$$\sum_{t=3}^{T} \left(\left(1 - r_{\text{自有资金}} \right) r_{\text{融资成本}} \prod_{j=1}^{t} \frac{1}{1 + r_{\text{折现}_j}} \right) + \frac{\left(1 - r_{\text{自有资金}} \right)}{\left(1 + r_{\text{折现}} \right)^T} \qquad (4.28)$$

同样，可以将 $\dfrac{1}{1 + r_{\text{折现}_t}}$ 近似计算为

$$1 - r_{\text{折现}} \approx r_{\text{自有资金}} + \delta r_{\text{运营成本}} \left(\frac{1 + inf}{1 + r_{\text{折现}}} \right)^2 \frac{1 - \left(1 + inf - r_{\text{折现}} \right)^N}{1 - \left(1 + inf - r_{\text{折现}} \right)} +$$

$$\left(1 - r_{\text{自有资金}} \right) r_{\text{融资成本}} \left(\frac{1}{1 + r_{\text{折现}}} \right)^2 \frac{1 - \left(1 - r_{\text{折现}} \right)^N}{1 - \left(1 - r_{\text{折现}} \right)} + \frac{\left(1 - r_{\text{自有资金}} \right)}{\left(1 + r_{\text{折现}} \right)^T}$$

两者之间的支付差值为

$$1 + r_{\text{股权}} \left(\left(1 - r_{\text{政府股权}} \right) \left(r_{\text{利润}} - r_{\text{折现}} \right) - 1 \right) +$$

$$\left(1 - r_{\text{股权}} \right) \left(r_{\text{融资成本}} - r_{\text{折现}} - \frac{r_{\text{融资成本}}}{\left(1 + r_{\text{折现}} \right)^2} \frac{1 - \left(1 - r_{\text{折现}} \right)^N}{1 - \left(1 - r_{\text{折现}} \right)} - \frac{1}{\left(1 + r_{\text{折现}} \right)^T} \right) +$$

$$r_{\text{运营成本}} \left(1 + r_{\text{利润}} - \delta \right) \left(1 + inf - r_{\text{折现}} \right)^2 \times$$

$$\frac{1 - \left(1 + inf - r_{\text{折现}} \right)^N}{1 - \left(1 + inf - r_{\text{折现}} \right)}$$

$$(4.29)$$

其中，$r_{\text{股权}} \left(\left(1 - r_{\text{政府股权}} \right) \left(r_{\text{利润}} - r_{\text{折现}} \right) - 1 \right)$ 内 $r_{\text{股权}}$ 依规定小于 0.5，通常项目运营中合理利润率高于折现率，但目前较少高于 10% 的，因此该式为负。

$$(1 - r_{股权})\left(r_{融资成本} - r_{折现} - \frac{r_{融资成本}}{(1 + r_{折现})^2}\frac{1 - (1 - r_{折现})^N}{1 - (1 - r_{折现})} - \frac{1}{(1 + r_{折现})^T}\right) 部$$

分的符号由 N、折现率和融资成本共同决定。而涉及经营的部分，若 PPP 项目经营能力不能显著高于公共部门运营成本，即 $1 + r_{利润} - \delta > 0$，则此式为正。换言之，PPP 项目是否具有优势还需要依靠具体数值决定。

（2）政府付费存量运营的情景

折现后采用 PPP 模式的项目付费总和为

$$\sum_{t=1}^{T}\left(r_{股权}(1 - r_{政府股权})A_1\prod_{j=1}^{t}\frac{1}{1 + r_{折现_j}}\right) + \sum_{t=1}^{T}\left((1 - r_{股权})A_2\prod_{j=1}^{t}\frac{1}{1 + r_{折现_j}}\right) +$$

$$\sum_{t=1}^{T}\left(r_{运营成本}(1 + r_{利润})\prod_{j=1}^{t}\frac{1 + inf_j}{1 + r_{折现_j}}\right) - (1 - r_{股权}r_{政府股权})$$

$$\approx r_{股权}(1 - r_{政府股权})(r_{利润} - r_{折现}) + (1 - r_{股权})(r_{融资成本} - r_{折现}) +$$

$$r_{运营成本}(1 + r_{利润})\frac{1 - (1 + inf - r_{折现})^T}{1 - (1 + inf - r_{折现})} \tag{4.30}$$

采用传统政府采购模式的项目付费总和为

$$\sum_{t=1}^{T}\left(\delta_t r_{运营成本}\prod_{j=1}^{t}\frac{1 + inf_j}{1 + r_{折现_j}}\right) \approx \delta r_{运营成本}\frac{1 - (1 + inf - r_{折现})^T}{1 - (1 + inf - r_{折现})} \tag{4.31}$$

两者之间的支付差值为

$$(r_{股权} - r_{股权}r_{政府股权})(r_{利润} - r_{折现}) + (1 - r_{股权})(r_{融资成本} - r_{折现}) +$$

$$r_{运营成本}(1 + r_{利润} - \delta)\frac{1 - (1 + inf - r_{折现})^T}{1 - (1 + inf - r_{折现})} \tag{4.32}$$

式（4.32）中前两项通常为正，即利润应大于折现率，同时，融资成本高于折现率。从运营方面看，若 PPP 项目的经营能力不能显著高于传统政府采购模式，则此式为正。即 PPP 模式需要付出更多资金，从全生命周期上讲不占优。

同样，针对可行性缺口补助机制下和使用者付费机制下的建设运营类项目进行计算可以得到式（4.28）。该结果与前文中政府付费机制下的建设运营类项目结论相同。而对于可行性缺口补助机制下与使用者付费机制下的存量运营类项目进行折现的计算能够得到式（4.31）。经过折现的计算结果并不令人意外。同一种运作方式下不同回报机制的 PPP 项目与使用传统政府采购模式的总项目支付额差值完全相同。这一结果对于以现值评价的项目投资具有十分重要的意义。

通过模型计算可以发现，公共部门用于 PPP 的费用支出取决于资本金比例、公共部门投资比例、合作时间、合理收益、融资成本、价格调整变化、运营成本、公共部门经营效率等多种变量。因此，PPP 模式下的费用是否能够始终低于传统政府采购模式是很难在不控制多种变量情况下进行测算的。本书对常见的 PPP 形式进行了测算，结果表明，在当前经济环境下，建设运营类 PPP 均有相对占优的表现。而存量运营类 PPP 项目的占优情况仅可能在社会资本具有较高经营效率的情况下出现。需要说明的是，这一测算尚未考虑到竞争性中立调整与风险分担的因素，仅考虑了财务的测算，若进行风险分担，则 PPP 的优势将更为明显。

4.4.3　支出形态

对不同 PPP 模式支出总量的考察为我们提供了一方面的视角，但这一视角尚不完整。这一分析结果并没有反映出长期支出中的不同，换言之，我们没有考察不同 PPP 模式的现金流在不同时期是如何变化的。因此，下面将按照支出模型，将每一期的支出额度放置于时间轴中，观察 6 种 PPP 模式的资金支出形态。

根据前文的现金流计量法模型可知，PPP 项目的每一期支出都是由多个变量决定的，但我们无法通过具有 3 个以上变量的模型计算出确定性的关系并画出图像。为了便于直观展示，本书对模型设置了一种较为常见的合理性设定。在实践中，每一个项目的变化千差万别，难以进行详细的估计。当前尚未有研究对 PPP 实际执行情况和内容进行总结，以已经实施的 PPP 项目合同作为参考，在前文基本的现金流计算方法基础上，本书结合实际情况进行设置，将现金流计量法模型中的变量具体化。

假设某一项目投资额为 100 万元，合作周期为 20 年。当采用 PPP 模式时，项目公司成立时资本金占 20%；资本金中公共部门出资占有 20% 的股权份额；如涉及新建资产，则假定项目建设周期为 2 年。社会资本方参与 PPP 项目可以获得的合理利润为 7%。为了尽可能准确地对比，我们同样假设该项目若采用传统政府采购模式，项目投资额为 100 万元，公共部门自有资金占 20%，其余 80% 通过举债获得；考察项目在周期为 20 年内的情况，如该项目涉及建设内容，则建设周期为 2 年，该设定与 PPP 模式下的设定完全相同。

此外，我们还需要对外在的经济指标进行设定：采用 PPP 模式时，社会资本的融资成本与采用传统政府采购模式时的地方公共部门举债成本相同，均为 5.78%，该数值为 31 个省（自治区、直辖市）2010 年至 2019

的城投债务利率平均值。合作期折现率为3.5%，该数值为2011年至2019年的公共部门债务利率平均值。生产成本与经营收入价格均以2.35%的比例进行调整，该数值为各地区2000年至2019年的CPI平均值。需要再次说明的是，该种做法暂时没有考虑其他风险因素，只是单纯考虑支出方面；同时，为了避免重复计算，没有将公共部门首年通过融资产生负债的现金流量加以体现。

首先，我们考察建设运营运作方式下的支出形态（见图4.4）。

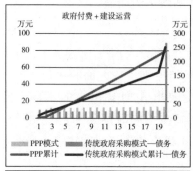
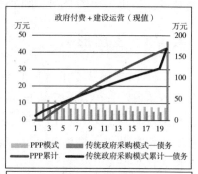
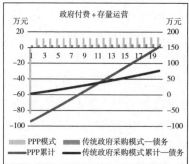
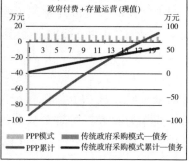
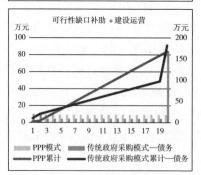
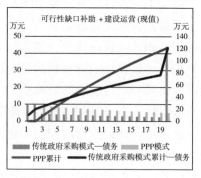

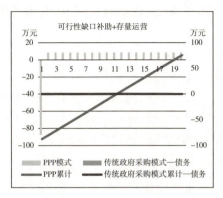
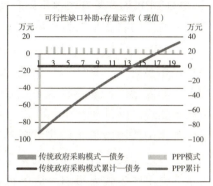
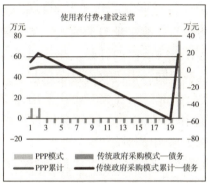
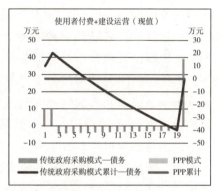
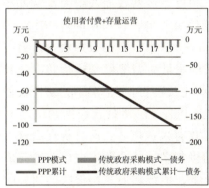
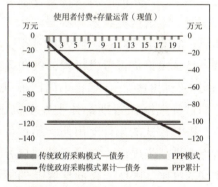

图 4.4　PPP 模式与传统政府采购模式支出的形态示意图

　　综观 3 种运作方式，采用 PPP 模式和传统政府采购模式公共部门的主要不同首先表现在项目开始时的建设期。公共部门需要拿出足够的财政资金用于投资项目，并且承担其余部分的债务，推高了地方公共部门的负债水平。对比而言，在 PPP 模式的前期，公共部门仅需要支付项目公司股权部分中的应付资金，根据规定，该比例最高不能超过 50%，最少可以为

0，这也是 PPP 模式表现出节省财政经费的主要方式。因此，在 PPP 模式的前期，公共部门将获得较为宽裕的资金。

从长期的运营期看，PPP 模式的现金流均保持了稳定变化的形态，年支出变化相对较少，累计增长跟随价格调整指数的变化保持线性增长。当考虑折现的因素后，累计收入曲线会呈现向下弯曲的迹象。这是由未来折现后产生的现值降低所产生的。不考虑折现时，采用 PPP 模式的项目总付费量小于使用传统政府采购模式所产生的费用。折现后，同样可以得到这一结果，不过需要注意到债务的本金偿付在最后一期进行，这会对公共部门当年的支出产生较大影响。从单独一期支出的额度上看，使用 PPP 模式时的费用支出明显高于同等情况下使用传统政府采购模式时的费用支出；从收入的角度看，采用 PPP 模式时公共部门让渡了项目的收入，从而使项目的净支出增加，两者相差的部分便是对公共部门的补贴。在不同回报机制下，单独一期的公共部门付费总量也不相同。采用政府付费机制时，因需要承担全部成本和当期的投资收益，公共部门往往要支出比采用传统政府采购模式时更多的费用。可行性缺口补助模式下也同样会出现这一现象，不过因为缺少对成本的补助，运营期间支出相对较少。

其次，考察存量运营情况下的支出形态。存量运营方式最明显的特点是首年中，公共部门通过转让存量资产和授予经营权而获得大量特许经营的收费。但是这笔收入并不是"天上掉馅饼"的，在长期的合作中，每一期更多的支出是对这笔收入的补偿，即社会资本投资的合理收益。另一个特点是，无论是否考虑折现，PPP 模式的累计付费额度都远远超出公共部门自主经营的情况。结合不同回报机制，在政府付费情况下，缺少收益补充的付费规模在每期都体现在更高的支出上。在超过合作期约一半时间后，PPP 模式的累计支出便会超过传统政府采购模式，而且折现后这一转折点会进一步提前。在可行性缺口补助机制中，社会资本可以获得与成本相同的收益，因此，在同样收益的情况下，传统政府采购模式的累计收益始终为零，但需要为债务融资支付利息。两条累计支出曲线的交叉点对与前一种模式相比都出现了显著的后移。

最后，考察使用者付费机制下的支出形态。与上述两种回报机制稍有不同，因项目存在良好的市场收益，长期盈利的现金流使收支总额呈现出完全不同的趋势。在此回报机制下，公共部门不需要任何支出，所以采用 PPP 模式的公共部门现金流量呈现长期水平，运营期支付金额始终为零。但使用传统政府采购模式时，公共部门应当获得这部分利润，因此，累计支出曲线呈现向下倾斜的趋势，即不断获得经营收益。

由此，我们可以总结出 PPP 项目付费的以下几个特点。

第一，PPP 项目运营开始后数年内支出较少，这得益于社会资本的合作，建设运营类项目使用较少的公共部门资金就可以撬动巨大的投资额。在此处的设定中，公共部门在项目建设期间仅需要支付项目投资额的4%，若建设期为 2 年，每年仅需要支付 2%。而传统政府采购模式下则需要支付完整的投资额，会占用庞大的现金资源。

第二，经营期间每年的支出都会更多。无论是否有折现因素的考虑，运营期间的 PPP 项目都会要求公共部门付出更多的费用或得到更少的收益。这一部分的现实意义是补贴合作的社会资本方回报。

第三，本金的偿还决定了项目投资的现值高低。本书假定在传统政府采购模式下，通过债务融资的长度等于同等情况下 PPP 模式合作周期的长度，并在最后一期偿付本金。对比此处设定相关参数时不折现与折现计算出的支出可以发现，因本金支付位于项目末期，经过长时间折现后的现期价值会出现较大幅度的下降。若实际中公共部门融资的债务周期长度低于合作周期长度，偿还本金的当年现金流现值相对较高，则可能仍然会出现PPP 模式全生命周期现值低于传统政府采购模式的情况。

4.5　PPP 模式对地方政府支出的影响

4.5.1　基本设定与分析

PPP 是否能够降低地方政府支出始终是 PPP 研究的核心问题，从 PPP 的原理上看，对于能否降低地方政府支出的问题可以从两个层面进行研究。

第一，PPP 模式自身是否能够降低支出。前文已经分析了单独某个项目的支出形态，证明在当前经济环境下，在 PPP 项目合作的初期，公共部门仅需支付少量的项目公司股权资金便可以开展项目，从而达到节约财政支出的目的。从项目全生命周期的角度看，若能够进行合理的风险分担并提升项目经营效率，同样比传统的政府举债建设方式节省成本。本书主要关注的时期正是 PPP 规模不断扩张和兴建的时期，因此，在不考虑其他外部影响的情况下，选取 PPP 模式是肯定的结论。现实中 PPP 项目是否如实按照预期的支出计划执行并达到了预期目标却很难证明。这主要是由于目前尚缺少可用的公开数据，尚无法查清 PPP 项目的实际支出金额。PPP 规范性文件要求处于执行阶段的项目公开财务数据，但实际执行中并不理想。目前还无有效办法判断 PPP 项目的实际支出情况是否超出计划，通过模型仅能够证明在理想情况下用于该项目的支出有所减少，并不意味着本地区公共部门的财政支出有所下降，故还可以从第二个层面进一步进行考察。

第二，同时考虑外部性影响，是否能够降低本地区的财政支出。2014年习近平总书记提出我国经济发展进入新常态，加上供给侧结构性改革政策的不断落实，对新型基础设施的要求不断提高，中央财政资金不断向基础设施、产业升级等领域倾斜。长期以来我国财政支出几乎从未出现下降趋势，加上财政政策不断趋于积极，似乎很难看到地方财政压力有所减轻。无论是相对发达的地区还是相对落后的地区，财政经费永远都是不够用的，发达地区作为转移支付的净转出地，需要不断创造更多收益以便留存于本地，欠发达地区需要争取更多补助发展经济与公共服务。如何在有限的范围内平衡各方面支出是各地政府永恒的课题。如果 PPP 政策的实施并没有使公共部门资金减少，那么公共部门究竟将这些节省出的资金用在了什么地方？探索公共部门资金的使用结构，可以使我们更进一步了解 PPP 项目如何影响公共部门的支出行为。

首先，从支出领域考虑。在当前的财政会计制度中，财政支出可分为20多种科目，一般财政支出中与民生相关的主要支出科目包含教育、科学技术、文化旅游体育与传媒、社会保障和就业、健康卫生、节能环保、城乡社区、农林水利、交通运输 9 个科目，这与当前 PPP 项目涵盖的范围基本重合，换言之，PPP 模式基本能够承担所有一般公共领域的服务功能。

其次，公共部门在参与提供公共服务时存在两种关系：（1）新建项目关系，即兴建新的公共服务设施项目。新建基础设施是目前广泛研究的内容，建设期也是经费支出的主要阶段。所有的公共服务设施都不是凭空出现的。多年来，我国依靠强大的政府投资、超前建设完成了大量公共设施，不仅为当年的 GDP 提供了强劲的增长动力，也为远期的经济发展提供了有力的保障。大多数学术研究对于 PPP 的理解也主要集中在建设阶段的解读与研究，谈及 PPP 项目必然谈到投资额，投资额便是新建项目规模的直接表现。具体到某一领域，如修建学校（教育）、兴建博物馆（文化旅游体育与传媒）、扩建医院（健康卫生）等，表现形式并不唯一。（2）经营维护现有的设施和服务的存量运营关系。一切建设完成的公共服务设施都不会自动运作并提供服务，都需要由相关人员进行经营管理，保障设备正常运作与日常维护。从长期来看，这并非一笔可以忽略的成本。具体而言，这些成本可能是学生续费的补助（教育）、博物馆的展品保管支出（文化旅游体育与传媒）、医生护士的工资（健康卫生）等。不过，针对这类存量项目的研究相对较少。本书认为，这主要由两个原因导致：一是我国长期建设发展中，往往过于注重建设，而忽视了长期经营管理。二是目前尚无有效财务指标用于计算存量运营支出，难以对其进行准确的评价。例如，对于存量的维护同样会产生固定资产，如设备的迭代更新、设施的修补和维护，这些都会计入固定资产科目。不过相对于新建项目而言，通常用于维护的年度花费相对较少，否则也不会通过新建项目拉动经济增长。

当前我国仍然需要公共投资助力经济发展，财政政策逐渐趋于宽松走向积极。尽管我国基础设施已经得到了极大发展，但不少中小型城市的公共设施仍需要提升和完善。如果地方政府在实行 PPP 模式时并没有减少支出，则可能是将 PPP 模式节省的财政经费用于其他新建公共设施中。如 PPP 模式能够减少相关支出，地方政府便拥有更多的钱并投资于其他地方，而不是留下来。鉴于当前对于新建基础设施的投资热潮仍未停止，本书将进行以下两项检验：

检验 1：地方政府是否将使用 PPP 节省的支出用于其他领域。

检验 2：PPP 项目节省资金是否更多用于新建项目，而非存量项目。

图 4.5　PPP 对财政支出的影响渠道

4.5.2　数据描述与研究方法

数据长度限制是 PPP 研究的主要难点，不少省级被解释变量和控制变量的数据仅公开到 2017 年。因此，本书选取 2010 年至 2017 年的数据作为样本。具体数据来自多个数据库，将在下文的每个指标中进行说明。

（1）被解释变量

支出指标 1：人均财政支出。人均财政支出是衡量地区财政支出的有效指标，该指标由本地区财政收入（不含转移支付与税收返还）除以本地区常住人口数量获得，随后取对数作为被解释变量。

支出指标 2：预算范围内的固定资产投资额。固定资产的来源分为多个口径，预算范围内可以理解为本地区财政资金用于公共设施建设的投资。同时，该指标特指的是固定资产，也就是前文所说的新建阶段，因为在运营期间基本不涉及固定资产新增的情况，即使涉及，数量也相对较少，与新建项目相比差别较大。由于被解释变量的统计时间限制，计算的时间节点只能扩展至 2017 年。

以上两项数据均来自 Wind 数据库。

（2）解释变量

PPP 实施年份 *ppppolicy* 为虚拟变量。目前各地区初次使用 PPP 的时间并不完全相同，但集中分布在 2014 年和 2015 年。当本地未产生关于 PPP 项目的现金流时，取值为 0，当本地区公共部门与社会资本开始合作建设或移交相关资产时，取值为 1。

PPP 资金流量。该数据是根据前文公式以及相关假设和变量分别代入 6509 个微观项目并按年度与地区计算所得。部分地区签署了较多的存量运营类项目，在项目早期拥有特许经营权的净收入，而本书的计算是从支出角度进行的，故收入项为负。

（3）控制变量

为控制各地区特征因素对估计结果的影响，本书还控制了以下因素：①城市发展能力，以地区生产总值增长率进行衡量。②人口规模，即本地区常住人口数量，以对数的形式进行计算。③土地出让金收入，土地出让金已经成为当前判断政府财力的主要指标。土地出让金以城市为单位，各省（自治区、直辖市）数据通过相加获得，同样采取对数的形式。④价格变化，以消费者价格指数作为代表。⑤本地区就业情况，以失业率为指标。⑥市场化指数，来自樊纲和王小鲁构建的省级市场化指数历年数据。由于数据仅获得至 2016 年，后 3 年数据根据采样前 3 年平均值进行推算。由于不同省份间差异较为明显，这一方法并不会在本质上改变地区的基本状况。⑦本地区教育能力，以生师比作为控制指标。在以上数据中，除土地出让金数据来自 CREIS 中指数据房地产数据信息系统外，其余均来自 Wind 数据库（见表 4.4）。

为了检验地区的特征，本书将全国各地区根据经济发展情况进行进一步细分。本书以 2019 年为参照，若本地区人均生产总值高于全国 GDP 平均水平则视为经济发达地区，反之则视为经济相对欠发达地区。计算结果显示，北京、天津、上海、江苏、浙江、福建、山东、广东、重庆为经济发达地区，其他为经济相对欠发达地区。

表4.4 主要变量描述

变量	变量名称	变量描述	观测值	均值	标准差	最小值	最大值
被解释变量	lngovexp	人均财政支出	310	8.2339	0.6372	6.3118	9.7583
	lngovinv	预算范围内的固定资产投资额	248	6.4210	0.7754	3.9239	7.9143
解释变量	ppppolicy	开始采用PPP	310	0.5419	0.4990	0	1
	pppflow	PPP资金流量	310	363925.8	892313.8	-1224594	4927527
控制变量	gdprate	地区生产总值增长率	310	109.1515	2.8900	97.5	117.4
	lnpop	人口规模	310	8.1226	0.8417	5.7045	9.3519
	landincome	土地出让金收入	305	1.30E+07	1.45E+07	64870.23	8.94E+07
	cpi	消费者价格指数	310	102.6165	1.212404	100.57	106.34
	jobless	失业率	310	0.0327	0.00650	0.0121	0.0447
	mktindex	市场化指数	310	6.2704	2.1206	-0.23	10
	edu	生师比	310	16.3429	2.4020	11.26	22.04

根据以上内容此处模型设计如下：

检验1即财政支出与PPP实施的关系将从两个角度展开。一是PPP政策是否产生影响的角度，即式（4.33）；二是地方公共部门在PPP项目中的资金流动情况，即式（4.34）。

$$lngovexp_{ij} = b + \alpha_1 ppppolicy_{ij} + \beta_1 Z + \mu_i + \varepsilon_{ij} \qquad (4.33)$$

$$lngovexp_{ij} = b + \alpha_2 pppflow_{ij} + \beta_2 Z + \mu_i + \varepsilon_{ij} \qquad (4.34)$$

其中，$lngovexp_{ij}$为i地区在j年的人均财政支出并取对数，$ppppolicy_{ij}$和$pppflow_{ij}$分别代表i地区在j年是否采用了PPP模式开展合作与当年的支出/收入资金流量。换言之，如果资金流量初次不为0，代表本地区已开展PPP合作，$ppppolicy_{ij}$赋值为1，否则赋值为0。Z为控制变量，μ_i为地区固定效应。

检验2即PPP项目与地方政府新建项目投入的研究是为了对比使用PPP模式前后公共部门行为的变化。在此，被解释变量进行转换，并且需要控制本地区财政支出。

$$lngovinv_{ij} = b + \alpha_3 ppppolicy_{ij} + \beta_4 Z + \mu_i + \varepsilon_{ij} \qquad (4.35)$$

$$lngovinv_{ij} = b + \alpha_4 pppflow_{ij} + \beta_4 Z + \mu_i + \varepsilon_{ij} \qquad (4.36)$$

其中，$lngoviv_{ij}$为i地区在j年的预算范围内固定资产投资额并取对数。如果α为正，则表明PPP的实行与推广使本地区的固定资产投资更进一步

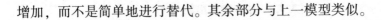
增加，而不是简单地进行替代。其余部分与上一模型类似。

4.5.3　实证分析

基于式（4.33）与式（4.34）对 PPP 与地方政府财政支出进行实证检验结果见表 4.5。从表中第（1）列及第（2）列的结果可以得知，PPP 项目的实施与本地区财政支出增速呈正相关，且在统计上显著，从而表明使用 PPP 后，本地区并不会因为投资项目时省了费用而降低自身的支出。第（5）列和第（7）列分别验证了经济发达地区与经济相对欠发达地区的情况，结果同样显著，不过在经济发达地区其对地方财政支出增长的影响更明显。在第（3）列和第（4）列中，本书进一步计算了每年地方政府用于 PPP 支出可能带来的影响。PPP 项目实际支出额的系数显著为正，再次印证了 PPP 合作同期增加了地方政府的整体支出。第（6）列和第（8）列考察了不同经济发展程度的地区，经济发达地区使用 PPP 比经济相对欠发达地区更能够影响地方政府的财政支出。

表 4.6 显示了 PPP 与预算内固定资产投入之间关系的实证计算结果。在第（1）列和第（2）列对 PPP 政策实施的计算中可以发现，PPP 政策实施与预算内固定资产投入的增速显著正相关，单从这一点看并不令人诧异，以建设运营为主的 PPP 项目自身也会产生大量固定资产，这部分投资即使数量较少，但从资金属性上讲也属于预算内资金。不过这同样意味着在同等投入的情况下，PPP 并没有以替代的形式出现，即 PPP 不是作为"更省钱"的方法完成同样的工作，而是作为一种"更省钱"的增量融资方式。同样，从数量的角度考察，第（3）列、第（4）列中 $pppflow$ 参数数值显著为正，再次表明 PPP 的使用使本地区公共投资开展了更多的建设。第（5）列至第（8）列对不同经济发展程度的地区进行了计算，相对于经济发达地区，PPP 对经济发展水平低于全国平均水平的地区产生的影响更小，这与前文中对财政支出的检验结论相同。

表 4.5　财政支出与 PPP 的使用

项目	(1)	(2)	(3)	(4)	(5)	(6)	(7)	(8)
	lngovexp	lngovexp	lngovexp	lngovexp	lngovexp	lngovexp	lngovexp	lngovexp
pppolicy	0.119**	0.179***			0.227***		0.128***	
	(0.0498)	(0.0237)			(0.0412)		(0.0298)	
pppflow			0.000871***	0.000619***		0.000734***		0.000520***
			(0.0001)	(0.0001)		(0.0002)		(0.0001)
_cons	11.90***	−16.11**	14.85***	−11.23	−16.65**	−5.894	−21.48**	−20.40**
	(2.0204)	(7.8222)	(1.2303)	(9.2252)	(7.1458)	(9.8271)	(10.1238)	(9.6662)
控制变量	是	是	是	是	是	是	是	是
R-sq	0.8614	0.8987	0.8685	0.8911	0.9033	0.8824	0.9121	0.9123
样本范围	All	All	All	All	Develop	Develop	Undevelop	Undevelop
地区固定效应	否	是	否	是	是	是	是	是

Standard errors in brackets

* $p<0.1$, ** $p<0.05$, *** $p<0.01$

表 4.6　PPP 与预算内固定资产投入

项目	(1)	(2)	(3)	(4)	(5)	(6)	(7)	(8)
	lngovinv	lngovinv	lngovinv	lngovinv	lngovinv	lngovinv	lngovinv	lngovinv
ppppolicy	0.447***	0.329***			0.358***		0.295***	
	(0.1084)	(0.0633)			(0.0714)		(0.0855)	
pppflow			0.00297*	0.00215**		0.00267**		0.00158
			(0.0015)	(0.0008)		(0.0012)		(0.0010)
_cons	17.80***	-82.74***	27.47***	-77.65**	-101.6	-88.99	-71.79***	-82.17**
	(4.1217)	(28.8232)	(3.0945)	(34.9966)	(58.8992)	(67.0923)	(24.9792)	(30.2954)
控制变量	是	是	是	是	是	是	是	是
R-sq	0.5265	0.6748	0.5525	0.7016	0.7296	0.7571	0.6693	0.6929
样本范围	All	All	All	All	Develop	Develop	Undevelop	Undevelop
地区固定效应	否	是	否	是	是	是	是	是

Standard errors in brackets

* $p<0.1$, ** $p<0.05$, *** $p<0.01$

4.5.4　稳健性检验

通常而言，不少地方政府支出是通过政府性基金完成的。政府性基金支出不同于财政的一般公共支出，基金目录详细规定了由基金负责支出的科目，而这些科目一般关系到国家的长期重大发展。因此，本书将因变量进行调整，使用财政支出与政府性基金之和进行验证。该部分数据来自Wind 数据库以及各地区财政主管部门网站公开的统计数据。表 4.7 汇总了关于 PPP 与包含政府性基金的地方政府支出稳健性检验的计算结果，可以看到主要系数依然是稳健的。

表 4.7　PPP 项目存量投资额对地方政府支出的影响

项目	(1)	(2)	(3)	(4)
	lngovexpall	*lngovexpall*	*lngovexpall*	*lngovexpall*
ppppolicy	0.0696 ***	0.0884 ***		
	(0.0247)	(0.0250)		
pppflow			0.000599 ***	0.000656 ***
			(0.0001)	(0.0001)
_cons	2.043	−11.6	5.902 ***	−2.561
	(1.7696)	(7.2490)	(1.1746)	(5.7842)
控制变量	是	是	是	是
R-sq	0.8039	0.6227	0.826	0.7157
样本范围	All	All	All	All
地区固定效应	否	是	否	是
Standard errors in brackets				
* $p<0.1$, ** $p<0.05$, *** $p<0.01$				

前文对预算范围内固定资产投资额的计算是为了验证公共部门将节省的资金投向了公共设施的猜想。为了检验该实证结果，此处使用道路面积（取对数，用 lnroadsize 表示）指标进行检验。选择该指标的理由如下：公路作为基础设施的最典型代表，可以反映出当前财政资金是否流向基础设施领域；当前我国人均公路面积仍然显著低于发达国家，随着城市面积的不断扩张，道路面积还有增长的空间；道路基本可以被认为是完全由地方政府出资建设的，尽管 PPP 政策的推出使社会资本进入了收费道路的领域，但是从全国总量上看，社会资本投资仍然仅占较少的份额，除农村地

区乡村内部道路属于集体土地而由村民修建外，城市道路、国家公路、省乡镇公路等均是由财政资金主导修建完成的。本书通过 Wind 数据库得到各地区道路面积数据。表 4.8 显示了该检验结果，其仍然是显著的。

表 4.8　PPP 项目存量投资额对地方政府道路投资的影响

项目	(2) lnroadsize	(3) lnroadsize	(5) lnroadsize	(6) lnroadsize
pppflow	0.00133***	0.000323**		
	(0.0002)	(0.0002)		
ppppolicy			0.330***	0.112***
			(0.0223)	(0.0207)
_cons	9.622***	-0.404	9.491***	-2.895
	(0.0068)	(6.7530)	(0.0121)	(5.1024)
控制变量	否	是	否	是
R-sq	0.2625	0.824	0.5359	0.8352
样本范围	All	All	All	All
地区固定效应	是	是	是	是
Standard errors in brackets				
* $p<0.1$, ** $p<0.05$, *** $p<0.01$				

4.6　小结

本章回顾了 PPP 项目物有所值评价的方法和思路。物有所值评价是当前站在公共部门视角唯一较为完整的通过定量分析评估 PPP 项目风险的方法，但因其局限性，并不能很好地应用于 PPP 项目的整体评估。作为本书新方法的基础，本章结合不同回报机制和运作方式的特点，将现有的 PPP 项目划分为 6 种基本形式，根据项目特点建立了一个标准化的计算方法——PPP 现金流计量法。新的计算方法可用于推算出公共部门在项目全生命周期中的现金流变化和形式。

本章使用 PPP 现金流计量法，首先从公共部门支出的视角对 PPP 项目进行考察。本章对同一种项目采用 PPP 模式和传统政府采购模式所产生的费用进行了对比，结果发现，无论是否考虑折现，同一种运作方式下 PPP 模式与传统政府采购模式的支出差额是完全相同的。这表明在不考虑其他风险的情况下，无论采用何种模式，影响 PPP 支出的基本因素都是相同的。其次，本章使用 PPP 现金流计量法模型对 PPP 的支出形态进行了模拟，结果显示，得益于社会资本的合作，建设运营类 PPP 项目在运营开始后数年内支出较少，而为了补贴合作的社会资本方回报，经营期间每年的支出都会更多；而存量运营类 PPP 项目因需要给予特许经营回报则付费更多，但考虑风险分担和社会资本运营效率后，可能有所改善。

最后，本章对 PPP 支出与地方财政支出进行了研究。尽管理论分析表明使用 PPP 模式合作建设公共基础设施能够节省财政资金，不过本章分析认为，地方政府选择 PPP 模式并不是单纯为了压缩财政支出。实证计算发现，目前积极采用 PPP 模式提供公共基础设施的地方政府财政支出反而呈现出增长更快的现象。这是因为采用 PPP 模式后，地方政府可以将节省的资金用于其他项目建设，增强了自身的投资能力。

第 5 章　PPP 项目微观风险的评估与分担

5.1　引言

PPP 项目微观层面的风险是指仅限于 PPP 项目个体所承担的风险，造成风险的因素可能来自宏观政策，也可能来自微观变量，但是，风险造成的损失只限于 PPP 项目，而不会对外界产生影响。对于 PPP 项目微观层面的风险研究是 PPP 风险的主要研究领域之一。在引入 PPP 模式前，各地区采用传统政府采购模式开展的公共基础设施建设都是由公共部门主导的，资金也主要从财政资金、政府性基金等政府部门的预算中拨付，但同时，作为项目的唯一投资者，公共部门要承担项目的所有风险损失。PPP模式的出现使社会资本成为公共基础设施的第二投资方，作为投资者，社会资本将可以享受投资带来的回报，这也意味着要承担项目的部分风险。相应地，原先全部由公共部门承担的风险经过博弈和协商后在公共部门和社会资本之间分担，地方政府可以将部分风险分担至社会资本。

5.2　PPP 项目微观风险的识别

在第 3 章对 PPP 风险进行界定和分析的基础上，本章具体就 PPP 项目的微观风险进行深入分析。PPP 项目微观风险评估的前提是需要完成对PPP 项目风险的识别。回顾已有的研究可以发现，PPP 项目涉及的风险种类繁多。当前对于 PPP 项目风险，学者们提出了不同的分类方法，如 Grimsey 和 Lewis（2002）根据项目阶段进行分类，Ahwireng-Obeng 和 Mokgohlwa（2002）根据风险的特性将其分为投机风险和非投机风险，Bing 等（2005）从宏观、中观、微观 3 个层次识别出 47 个风险点。尽管方法多种多样，但研究的普遍共识是风险种类繁多。从宏观经济的利率变化到项目管理的操作问题都会对项目的实际费用产生影响。有效的风险评价框架需要将各种风险尽可能地涵盖，并通过定量的方法将风险点融入框架进行评估。本书参考相关研究文献和项目合同，对当前 PPP 项目所面临的风险进行了分类。从影响的范围来看，可以初步分为宏观层面和微观层面。宏观因素的风险是指，超出项目个体层面的宏观经济、政治等因素发生变化，从而可能影响超出单一 PPP 项目甚至整个地区、整个行业、全国 PPP 项目的风险。这些风险不会因为某个 PPP 项目的特别性质而不产生影响，但这也并不意味着此类风险不可以进行控制，通过合理的金融工具与完备的法律合同，部分风险仍然可以被有效管理。微观因素的风险则是指，在项目个体层面，某个可能会对项目本身产生影响的风险。此类风险的影响范围有限，大多是针对一个项目或与之关联的小范围内产生影响，不过这些风险与项目的自身特点、周边环境、合作方管理能力等具有较强的关联性。

现实情况大多并非如同理论一样简单，传统微观与宏观的二分法并不完全准确，不少风险的分类仍然存在模糊的空间。这是由于分类仍然不够细致，或风险产生的源头在不同层面中。参考第 2 章中的文献，本书将风险分为宏观风险和微观风险两大类型。

5.2.1　PPP 项目风险中的宏观因素风险

PPP 项目风险中的宏观因素风险是指对 PPP 项目具有全国性、全行业性影响的风险，具体可分为政治与法律风险和宏观经济风险。

政治与法律风险是指在 PPP 项目合作过程中，由于公共部门政策导向变化或法律法规修订等而导致项目失败或蒙受损失的可能性。此类风险通常与公共部门直接相关，包括政府稳定性、征用/国有化、法律环境、政治决策失误、政府信用、行政调整等。这些风险产生的原因主要有以下几种。

第一，政策变化，主要表现为公共部门出台政策的不连续性导致风险产生。这里所说的政策可以是全国性政策，即从全国宏观视角看，我国经济状况和发展方向受到宏观调控的强烈影响，对于不同时期有不同的重点发展方向。部分项目在热门时期可能受到热烈追捧，大量涌入市场中。一旦政策扶持和发展方向出现转变，此类项目将不再被视为政府和市场的"潜力股"，相关热度直线下降。最终结果是地方政府领导不再重视，项目收入降低，经营出现困难，项目失败在即。这里所说的政策也可以是地方政策，其变化以地方政府领导换届为主要表现形式。不同届别的地方政府领导对于本地区发展的理念有所不同，很可能不认可过去重点发展的项目。同时，出于对自身政绩的追求，在当前存续的项目不能体现自身能力时，决策者可能会不再重视有关项目。地方层面可更进一步细化到省、市、区县等层级，政策的影响范围大小不一。当影响的范围相对更小的时候，正如前文所提到的，很难将这一风险视为宏观风险，宏观风险与微观风险的边界十分模糊。

第二，公共部门未按合同履约，即在合同生效期间未能完全按照合同要求履约而造成风险。实践中可细分为几种情况：首先是风险分担不适当造成的，由于错误地估计自身的风险承受能力和风险控制能力，签约的公共部门在PPP项目发生风险时无力分担风险。其次是对于PPP项目认识不清造成错误评估，在项目准备阶段不能对项目的发展情况进行正确评估，项目评估者专业知识不够充足，过于乐观的预期使项目不能达到预期目标，从而出现过度承诺的现象，表现出对合同义务无法履行的情况。最后，现实中也大量存在由于缺失合同精神而产生的PPP风险，诸如公共部门依仗自身在合作中的强势地位，拒绝履行合同义务，将风险和成本强制转嫁于社会资本方。这一问题不仅在PPP项目中有所体现，在现阶段的行政管理中同样存在。不过在强调平等合作的PPP模式中，这一行为产生的风险尤为重要。

第三，法律变更，其主要表现形式是法律法规在PPP合作期间的解释方法或合规要求出现变更，这类情况的发生是由于当前针对PPP项目的法律法规仍然不够健全，在很大程度上有更新和细化的现实需求。当前多个学界与业界人士呼吁提高PPP有关规定的法律法规层级，避免与上位法相冲突或无法解决现实中遇到的疑难问题。此外，在现实中，还有一些PPP项目合作双方试图通过各种手段绕过或无视相关法律法规，企图通过变相操作达到自身目的，最后因违规被叫停。

宏观经济风险是指在PPP项目合作过程中由于宏观经济形势发生变化而导致项目失败或蒙受损失的可能性。具体包括价格调整风险、汇率风险、利率风险、财政风险、融资环境风险。此类风险由多个因素导致。

第一，经济政策变化，即经济主管部门为了稳定经济发展而出台不同经济政策，从而导致实际经济环境与预期不同。这些政策的出台往往会对宏观经济中的关键变量造成显著影响，并通过这些关键变量进一步对PPP项目产生相关影响。诸如货币政策影响利率和通胀，金融监管影响PPP项目融资环境等。这些每一个项目都可能会面临的风险通常不因项目个体差异而不同。

第二，经济环境自身变化，即排除国内经济政策的影响，经济发展状况导致市场供需关系发生剧烈变化。如经济衰退、经济危机等重大事件的发生可能会对宏观经济变量产生显著影响，从而传导至PPP项目。

5.2.2　PPP 项目风险中的微观因素风险

PPP 项目风险中的微观因素风险是指针对 PPP 项目个体产生影响的风险。本书认为此类风险主要包括项目选取阶段风险、设计建设阶段风险、运营阶段风险，以及贯穿于各个环节的社会责任风险和自然风险。

项目选取阶段风险是指在公共部门与社会资本进行相互选择的过程中所面临的风险。在这一阶段，双方对于本地区同业竞争风险、土地获取风险、项目需求风险进行相互沟通。社会资本考虑自身实力能否达到项目合作需要的融资可行性、融资成本、流动性风险等问题。在各自认识和明确自身底线的基础上，双方不断进行博弈。通常而言，这些风险的分担策略在双方正式合作之前已经敲定，并在合同中进行明确。

设计建设阶段风险是指在 PPP 设计和建设过程中所面临的风险。具体包括成本超支风险、项目延期审批风险、设计缺陷、工程质量等。可以看到该阶段不仅涉及行政方面的有关风险，还涉及财务、工程方面的多种问题。

运营阶段风险是指 PPP 项目建设完成或移交完成后在社会资本运营阶段可能面临的风险。项目运营是 PPP 模式的重点环节，在建设—移交（BT）模式被明令禁止之后，运营环节成为所有 PPP 模式都必不可少的环节。相较于短期内即可完成的设计建设阶段，PPP 项目的运营阶段大多长达十余年甚至数十年，是分担风险的主要环节，面对长期的不确定性，此阶段应对于风险的分担更加重视。运营阶段与设计建设阶段相似，同样涵盖多个方面，诸如运营成本风险、运营收入风险、流动性风险、安全风险、公共部门补助风险、服务质量问题等。

社会责任风险同样在公共设施领域十分重要，包括公众反对项目、项目环境保护等问题，间接影响项目的收益，产生多种风险。

自然风险等不可抗力作为任何条款的最后内容都会加入，这些风险与人为操作无关，却会对项目造成显著影响。

PPP 的优势之一是能够为地方公共部门分担风险，但并不能分担所有的风险。从公共部门的视角看，风险能否通过 PPP 模式分担的一个重要标准是：对于同一个项目，在 PPP 模式下与传统政府采购模式下，社会资本是否相较于公共部门更能有效管理该项风险。需要强调的是，这里的公共部门是相对广义的概念，尽管造成有关风险的可能是负责项目具体内容的行政审批、管理、签约单位，但在 PPP 项目中与社会资本方相对应的公共部门却是一个整体，进行签约的单位是代表公共部门的利益进行签署的，因此，公共部门分担风险是泛指整体而非单独某一个具体的单位。

根据现实情况，PPP 项目中可分担的风险可以进一步分为可分担且能够有效控制的风险与可分担但难以有效控制的风险（见表 5.1）。风险能否有效控制取决于风险能否通过合理的规划去避免，此类问题大多是因为人为操作的失误或非理性判断而产生的，即在事前通过严格按照标准或以理性人的思维去执行可以有效降低此类风险事件的发生。而无法有效控制的风险在事前难以进行有效的判断。本书将按照前文中划分的风险类型依次进行分析。

表 5.1　PPP 项目主要风险因素及可分担性

风险类型		不可分担的风险	可分担且能够有效控制的风险	可分担但难以有效控制的风险
宏观	政治与法律风险	政府稳定性 征用/国有化 法律环境 政治决策失误 政府信用 行政调整		
	宏观经济风险	财政风险	融资环境风险	价格调整风险 汇率风险 利率风险
微观	项目选取阶段风险	同业竞争风险 土地获取风险	项目需求风险 融资可行性 流动性风险	融资成本
	设计建设阶段风险	项目延期审批风险	设计缺陷 工程质量	成本超支风险
	运营阶段风险	公共部门补助风险	服务质量问题 安全责任风险	运营成本风险 运营收入风险
	社会责任风险	公众反对风险	环保问题	
	自然风险		不可抗力风险 地质、气候	

　　第一，政治与法律风险。从 PPP 的普遍理论与现实操作可以看到，政

治与法律风险通常是由公共部门负责分担的。这些风险主要是因不同层级的公共部门行为而产生的。一些是由于受到国家经济形势、政策影响，如中央政府确定的财政政策与货币政策。一些则是由于地方自身原因产生的，如领导换届影响本地区社会发展方向和项目投资情况。一些是由国家司法的立法理念影响的，如 PPP 从属于行政合同或民事合同，从而决定了PPP 合作的属性。由此可知，无论项目是采用 PPP 模式或是采用传统政府采购模式，这些风险都是会发生的，无论公共部门是否最后真正承担，都很难将这些责任划分给社会资本方。因此，本书认为这些风险属于不可分担的风险。

第二，宏观经济风险。宏观经济风险中的价格调整风险、汇率风险、利率风险是项目在商业经营中会遇到的风险，可以有效地与社会资本方分担，并且此类风险难以在事前预测并使用金融工具等进行有效控制。融资环境风险则略有不同，在 PPP 项目中，为推进合作，社会资本方在决定是否参与时可以对当前的融资环境进行评估。如社会资本方认为当前的融资环境相对收紧，难以进行融资或需要较高的成本进行融资，则可能在进行项目选择时放弃参与合作。因此，本书认为这些风险属于可分担的风险。

第三，项目选取阶段风险。避免项目的同业竞争，保证行业竞争力以保证项目的竞争力，为项目获取用工和运营土地以保障项目运行，是公共部门义不容辞的责任，也是仅公共部门可以拥有的权力。故该两项风险并不能够通过 PPP 模式进行分担。项目需求风险、融资可行性、融资成本、流动性风险通常是由社会资本方分担的。该阶段的需求是社会对于项目的需求度，直接影响到项目的收入。在项目选取阶段，无论社会资本方或公共部门都需要对市场需求进行调研，提供可行性意见。因此，该项风险实际上是对可行性研究结论的验证，承担相关调研结论可靠性的风险。换言之，如果项目本身不具有足够的必要性，在合作洽谈时便已经不成立。不顾客观事实而通过多种手段强行上马所带来的风险，则已经超出了本书对PPP 风险的研究范围。同样，融资可行性也是在项目正式合作前进行确认的，如果当前市场融资环境较差，社会资本方不具备融资可行性，则在理性人基本前提下，PPP 项目不具备合作的基本条件。流动性风险则主要依赖于社会资本方自身的财务状况。良好的财务管理制度和稳健的公司策略是保证流动性充足的必要条件，故流动性风险可以有效地被社会资本方所控制。因此本书认为项目需求风险、融资可行性、流动性风险是可分担且能够有效控制的风险。融资成本是对于项目可行性的技术评估。不过从项目审批到开始融资行为通常并非短期内可以完成的，由于市场环境的不断变化，实际融资成本可能并不完全与预期相同。本书认为融资成本为可分担但难以有效控制的风险。

第四，设计建设阶段风险。项目延期审批风险是由公共部门进行承担的。PPP项目的发起与合作都是经过本级人民政府批准的，也仅有公共部门掌握行政审批的权力，在落实过程中造成的各项延误必然要由相关公共部门负责。故项目延期审批风险为不可分担的风险。设计建设时可能发生的项目设计缺陷、工程质量问题、成本超支风险是由社会资本方分担的。设计缺陷通常是因未能了解设计需求或未按照标准进行设计而产生的，工程质量问题更是因规章制度的缺失和监督责任的不到位而产生的，这两项风险均可以通过提升管理水平进行有效控制。因此本书认为，设计缺陷、工程质量问题虽然可分担但能够被有效地控制。而成本超支风险则可能是由多方面原因造成的，如果是由管理效率低下造成的，则可以被有效控制，若是因市场波动等外在客观原因而产生的，则不能被有效控制。本书主要就第二种情况进行分析，因此将其划分为可分担但难以有效控制的风险。

第五，运营阶段风险。项目运营阶段是所有PPP项目都重点关注的部分，该阶段中公共部门需要承担的主要责任是按照合同约定对PPP项目进行补助、付费或不进行正常状态下的任何过多干涉，因此，该风险为不可分担的风险。能与社会资本分担的风险包括服务质量问题、安全责任风险、运营成本和运营收入的风险。其中，服务质量问题和安全责任风险是通过规章制度能够解决的风险，这体现于管理的能力及水平上，故属于能够有效控制的风险，并非PPP项目要分担的主要风险。运营成本和运营收入的风险则是实践中的主要关切。与设计建设阶段相似，运营的收入、成本、安全风险同样可能受到多方面因素影响。本书仅考虑在管理层尽职尽责的情况下由于外在因素的影响而造成的风险。此类风险同样划分为可分担但难以有效控制的风险。

第六，社会责任风险。回应社会对于项目的反对意见或其他意见是公共部门的主要职责。当前PPP项目主要由公共部门发起，在开展项目时需要提前尽到相关义务，在公开透明的情况下，公众认可的项目不会发生此类风险，故划分为不可分担的风险。环保问题大多是由于自身管理制度缺陷造成的。当前PPP所涉及行业均拥有国家标准，在合作合同中对执行标准进行了详细规定。这对于自身行业外可能涉及的其他领域也同样适用。

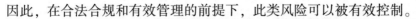

因此，在合法合规和有效管理的前提下，此类风险可以被有效控制。

第七，自然风险。自然风险是指地质、气候变化等产生的风险，自然风险由于其主要依赖于实际资产价值，并不随经济波动而发生改变。根据当前 PPP 政策，需要社会资本方购置相应保险进行合理控制或分担，不存在博弈或进一步争论的空间。此类风险同样可以被分担且进行有效控制。

对于不可分担的风险，本章不再进行更多分析，站在公共部门的角度，这些风险并非采用 PPP 模式可以避免，并且因自身原因而产生的风险也无法进行有效分担。可分担且能够有效控制的风险尽管可以在公共部门和社会资本之间分担，但此类问题如果严格按照合法合规的方式进行操作几乎可以避免。PPP 模式的推广目标也不是对此类风险进行分担，因为这些风险本不应出现。例如，公共部门本不应期望自身工程可能面临建设质量问题而作为风险分担的重点，将其分担至社会资本方。

可分担且能够有效控制的风险为社会资本方应尽的义务，即必须要分担的责任，此类风险在 PPP 合同中都有明确的规定。如果无法达到相关要求，即视为违反合同约定，应承担一定的违约责任。如质量管理、环境保护等在合同中有专门的章节详细规定，社会资本有责任完成并向公共部门定期汇报，公共部门也有责任进行检查并督促完成。实践中，公共部门为激励社会资本方在运营期间积极完成相应的工作目标，通常会借助绩效考核指标就项目运营情况进行评价。如果分数低于某一水平，公共部门将按照合同约定扣除一定比例的付费金额进行惩罚。

5.3　PPP 项目微观风险的评估

根据我国《预算法》，公共部门财政资金开支需要年初通过制定预算确定本年度支出，而经济风险带来的不确定性会打乱预算计划。执行预算的行政部门超出既定预算一般需要说明原因。同时随着审计工作的不断加强，对于财政资金的使用监管趋于严格，可以认为公共部门对于风险的偏好是厌恶的。风险的溢价来自风险的偏好，风险分担主体对于风险越厌恶，其效用函数越呈现凹的形态。从数学图形上看，风险的溢价就是确定性等价与实际价值的差值。不过在学术界，目前尚未对公共部门的效用函数进行深入研究，因此本书无法通过效用函数对 PPP 项目的风险溢价进行估算，而是通过考察支出差值评估风险。

5.3.1 PPP 项目微观风险的评估方法

根据前文对可分担但难以有效控制的风险进行的界定，下文将集合现金流计量法模型以及微观数据开展定量研究。

根据第 3 章，PPP 项目在微观层面的风险是指 PPP 项目在合作期内由于外界风险的变化，对项目的实际支出超出预期而蒙受损失的可能性。因此，本章风险评估的基本方法为：在现实中 PPP 项目面临经济不断波动的情况下所产生的收支与预期应当产生收支的差值。同时，结合第 4 章提出的现金流计量法，对风险的评估还需要计算每一期的实际支出与预期支出。因此，该评估方法可以简述为：PPP 项目的全部风险由分别计算出的每一个时间段内面临的风险相加而得。

$$\sum_{1}^{n} CF_n(a_n, \ b_n, \ c_n) - \sum_{1}^{n} CF'_n(a'_n, \ b'_n, \ c'_n) \tag{5.1}$$

其中，CF_1 代表 PPP 项目在实际经济情况下第 1 期发生的现金流，而 CF'_1 代表 PPP 项目在预期情况下第 1 期发生的现金流。单独某期的风险可以通过当期的现金流相减获得。现金流的计算方法源自第 4 章中的 PPP 现金流计量方法。现金流不同是由于不同情况下风险指标发生变动，因此，式（5.1）中 a_n、b_n、c_n 分别代表在实际经济中不同时期的经济指标；同理，a'_n、b'_n、c'_n 分别代表在预期情况下不同时期的经济指标。

参考前文的分类，本章选取表 5.1 可分担但难以有效控制的风险中的融资成本风险、价格调整风险和运营收入风险作为风险指标。下面将针对每一种风险的表现形式作出界定。

（1）融资成本风险

PPP 项目中的融资成本风险是指项目公司在市场融资过程中，因融资利率发生变动，实际融资成本与计划融资成本不同而蒙受损失的可能性。PPP 项目涉及金额庞大，公共部门通常没有能力或没有意愿全部使用现金或当年的预算进行全额支付。通过债务融资使用杠杆是数年来地方公共基础设施快速发展的通用手段。从项目可行性论证到实际的融资区间，外部受到宏观经济与政策波动的影响，内部受到自身发展的影响，市场对于融资主体所给出的回报往往不同。在前文的 PPP 现金流计量法中可以看到，社会资本的融资成本变化决定了公共部门对项目进行收益补贴的多少。

融资成本风险的表现形式为：项目招标时期市场利率与项目进入执行阶段时市场利率的变化。在融资利率数据方面，本书使用各地区 5 年期城投债券利率作为参考。需要说明的是，2014 年早期部分地区地方债发行工作尚未开启，主要是由财政部代发，因此缺少数据，使用财政部代为发行的 5 年期债券利率数据。

（2）价格调整风险

PPP 项目中的价格调整风险是指项目公司在项目经营过程中，因宏观经济波动导致物价水平发生变化，从而与预期变化不同而蒙受损失的可能性。PPP 项目合作时间较长，在长期的运营过程中不考虑价格调整是不现实的，PPP 合同往往对于历年价格的调整有不同的约定形式，其基本理念是按照 CPI 指数进行调整。实践中，一些项目合同明确将各项成本进行精细化计算，细致判断每一项可能产生的变动，随后逐一相加；一些项目合同所使用的方法则相对较为宏观，即分别计算出影响当年运营成本的主要几项指标并赋予权重后进行计算；还有一些项目合同直接将价格变化设为固定值。对于不同的情况将在本章后文进行分析。此处对价格调整风险的计算选用最为常见也是最基本的形式，即历年的价格调整以乘数的形式体现：

$$实际价格调整 = \prod_1^t (1 + inf_t) \tag{5.2}$$

$$计划价格调整 = \prod_1^t (1 + inf_0) \tag{5.3}$$

其中，t 为 PPP 项目的合作时间。实际发生的 CPI 系数往往不是每年都一样的，因此需要分别代入计算。项目计划中的价格调整一般是按照某一固定系数进行测算的。本书假定预期的通胀系数为本地区 CPI 前 3 年的平均值，即

$$inf_0 = \frac{inf_{-1} + inf_{-2} + inf_{-3}}{3} \tag{5.4}$$

（3）运营收入风险

PPP 项目中的运营收入风险是指项目公司在项目经营过程中，因市场需求发生变化，运营收入与预期收入不同而蒙受损失的可能性。准确考察不同行业经营收入的波动是较为困难的，受到多种因素影响：第一，外部性因素影响。从宏观层面看，影响利润的因素有宏观经济、政策、行业技术。这些因素既可以是全国范围的，也可以是以省或市为划分的地域性的。第二，内部性因素影响。企业是由人运作的，人员的管理水平、公司规章制度的完备性都决定了企业能否拥有更高的工作效率。第三，利润情况。利润是由收入与成本共同决定的，因此包括运营收入和运营支出两项风险

指标。如收入的增长带来利润的增长，但同期成本的变化若超出收入的增长则会导致总利润下降。此外，PPP产业涉及多个行业，产业链分工复杂，难以进行详细计算。无论是传统政府采购模式还是PPP模式，运营成本都是公共部门付费的关键因素。根据前文的模型，在不同的回报机制下公共部门会支付不同的付费金额。在可行性缺口补助与使用者付费的回报机制中，项目能够产生收入，需要考虑利润的改变；在政府付费的回报机制中，项目不产生任何收入，故不需要考虑任何收入上的变化。为了解决上述问题，本书对行业进行初步的筛选与分类，尽可能在保留每一个数据多样性的情况下将具有同质性的进行分类，并忽略掉部分差异性，以整体的统计方式保留一定可以测度的变量进行分析。本书选取成本费用利润率作为衡量运营收入风险的指标，因其满足以下要求：①具有行业代表性，能反映出行业的收入和成本变化；②具有一定的时间长度，能反映出行业在一段时期内的波动性，同时也便于计算。与其他代表变化率的指标不同，这一指标仅代表当年的盈利情况，只有对比不同时期的变化才能反映出该年度在历史发展中的地位。故本书选取成本费用利润率的长期均值作为基准利润。由于利润是收入与成本之差（见式5.5），通过推导可以得到成本费用利润率指标与利润变化之间的关系（见式5.6）。

$$利润_t = 收入_t - 成本_t \qquad (5.5)$$

$$\Delta 利润_{t+1} = 利润_{t+1} - 利润_{t0} = (收入_{t+1} - 成本_{t+1}) - (收入_{t0} - 成本_{t0})$$
$$= 成本费用利润率_{t+1} \times 成本_{t+1} - 成本费用利润率_{t0} \times 成本_{t0}$$

$$(5.6)$$

由此，项目运营期间的利润变化由"成本"与"收入"两个同时变化的指标简化为"成本"一个变量。故该比率从绝对值的比率转化为一个均值为零的标准化比率。例如，某行业的基准成本费用利润率为5%，在项目合作的第T年成本费用利润率为7%，则第T年该行业的利润增加2%（7%-5%）。若该行业第$T+1$年的成本费用利润率为2%，则该行业的收入情况为（3%-5%）=-2%，即当年实际支付了更多的成本或获得了更少的收入。需要特别说明的是，成本与费用在财务中分属于两个科目，在本书的计算中，不再纠结于PPP的支出应属于生产成本还是某项费用的支出。这里的成本泛指生产经营所需要的所有花费，这与成本费用利润率中的分母是完全相同的。

按项目计划，PPP项目支出费用与项目收入水平是在项目招投标阶段根据经验和市场情况估算的。由于可用的数据长度有限，无法获取在PPP

项目实施之前的有关情况，本书以 PPP 项目所属行业前 3 年的成本费用利润率平均值作为参考基准，每一年的成本通过成本费用利润率进行调整，再与应得收益相减便可以得到当年经营收益的变化。当成本费用利润率的收益上升时，补贴减少，反之则相反。

　　本书的成本费用利润率数据从 Wind 数据库中获取，数据长度为 2011 年至 2019 年，部分数据仅追溯至 2012 年、2013 年。数据来源包括两个方面，以国有企业成本费用利润率为主要参考，该数据由国务院国有资产监督管理委员会发布。不过国有企业成本费用利润率的统计指标在第一产业和第二产业中相对较为全面，第三产业则相对较为粗糙，一些类型的项目细分行业并未被该指标统计到，项目也具有一定的行业特征，难以通过其他相似的行业数据进行替代。这一类型的数据替代为国内相关行业上市公司财务报表中公布的成本费用利润率。考虑到同一行业中不同公司的体量不同，其计算方法为获得该行业全部成本费用利润率及股票市值，剔除缺少数据或当年尚未上市的相关公司数据，并以市值作为权重，对成本费用利润率进行相加。

　　无论是国有企业数据还是上市公司数据，两者均存在一定的误差。其中，国有企业成本费用利润率是较为具有代表性的数据，对传统政府采购模式下的行业反映较为准确。使用 PPP 模式的主要优势是利用了社会资本管理的高效率，而在传统做法中，国有企业的效率相对社会资本偏低，因此，存在低估成本的可能。上市公司成本费用利润率数据则可能存在两个问题：一是上市公司数量相对较少，难以概括整个行业，个体受到经济波动的影响更大，数据存在较大的波动；二是上市公司一般都是行业内的龙头公司，其管理水平和盈利能力通常高于平均水平，因此存在成本费用利润率高估的可能性。不过从宏观上看，成本费用利润率是当前最能代表行业经营能力的数据，随着数据的丰富，这一问题可以得到逐步修正。表 5.2 整理了 PPP 项目行业分类、数据基本情况以及数据来源。

表 5.2　PPP 项目行业分类与运营收入风险指标的选择

一级行业	二级行业	采用指标	平均值	标准差	数据来源
保障性安居工程	保障性住房棚户区改造	物业管理	4.5889	1.2677	国有企业平均值

一级行业	二级行业	采用指标	平均值	标准差	数据来源
城市综合开发	厂房开发 园区开发 城市建设	物业管理	4.5889	1.2677	国有企业平均值
	高速公路	高速公路	2.4778	0.3328	国有企业平均值
	一级公路 二级公路 桥梁 隧道 其他	市政公用业	2.4500	0.6575	国有企业平均值
	仓储物流	仓储业	1.2444	0.1580	国有企业平均值
	港口码头	港口业	11.1667	14.4356	国有企业平均值
	航道运输	水上运输业	3	2.5244	国有企业平均值
	机场	机场	2.6778	0.0928	国有企业平均值
	交通枢纽	城市公共交通业	-2.9333	39.1866	国有企业平均值
	铁路	铁路运输业	0.0444	3.7758	国有企业平均值
教育		教育	17.6711	96.8582	上市公司数据
科技			16.5628	33.6661	国有企业平均值
林业		农林牧渔业	2.4444	0.00246	国有企业平均值
旅游		大旅游	3.4111	0.5454	国有企业平均值
能源	垃圾发电 生物质能 风电 煤电	电力工业	3.5888	0.6120	国有企业平均值
	充电桩	市政公用业	2.4500	0.6575	国有企业平均值
农业		农林牧渔业	2.4444	0.00246	国有企业平均值
其他		市政公用业	2.4500	0.6575	国有企业平均值
社会保障		物业管理	4.5889	1.2677	国有企业平均值
生态建设和 环境保护		环境保护	21.6490	17.9150	上市公司数据

续表

一级行业	二级行业	采用指标	平均值	标准差	数据来源
市政工程	垃圾处理	环卫服务	19.1034	69.4940	上市公司数据
	公交 轨道交通	城市公共交通业	−2.9333	39.1866	国有企业平均值
	公园 广场 排水 污水处理 停车场 管网 海绵城市	市政公用业	2.45	0.6575	国有企业平均值
	供电	电力工业	3.5888	0.6120	国有企业平均值
	供气	燃气生产和供应业	4.7	0.8355	国有企业平均值
	供热	热力生产和供应业	4.7	0.8355	国有企业平均值
	供水	水的生产与供应业	6.2777	9.0283	国有企业平均值
	景观绿化	园林工程	4.0534	66.9503	上市公司数据
水利建设		水的生产与供应业	6.2777	9.0283	国有企业平均值
体育		物业管理	4.5889	1.2677	国有企业平均值
文化		物业管理	4.5889	1.2677	国有企业平均值
养老		物业管理	4.5889	1.2677	国有企业平均值
医疗卫生		综合医院	13.1693	18.2929	上市公司数据
政府基础设施		市政公用业	2.45	0.6575	国有企业平均值

（4）未予计量的风险

本书未对利率风险和汇率风险进行计量，主要是基于以下原因。

其一，利率风险是指项目公司在项目经营过程中，因利率发生变化，实际融资成本与预期融资成本不同而蒙受损失的可能性。在 PPP 项目中，利率风险影响的是融资成本。不过利率风险是相对更为宏观的影响，涉及全部市场的变化。PPP 项目作为市场活动中的一小部分，只能被动地接受当前的利率变化。此外，融资主体的资质水平也对融资成本有一定影响，不过该部分已在前文中的融资成本风险中进行了讨论。

其二，汇率风险是指项目公司在项目经营过程中，因汇率发生变化，而导致实际支出与预期不同从而蒙受损失的可能性。当前 PPP 项目的外汇使用情况较难确认，因此无法展开有效评估。不过在当前的 PPP 实践中，社会资本方主要为国内企业。虽然也存在外资机构，但大多是长期在华开展业务的公司，受短期汇率影响较小。同时，鉴于在公共基础设施的建设与运营上主要依靠国内提供相关材料与服务，对外汇变化缺少敏感性，也很难获得相关数据，本书暂不对此风险进行评估。

5.3.2 PPP 项目微观风险的实证分析

采用以上评估方法，我们将 3 项风险指标分别代入第 4 章建立的 PPP 现金流计量法模型，便可对 6158 个 PPP 项目的微观风险开展评估分析。根据前文设定，PPP 项目风险的计算方法为实际支出减去计划支出；计算中的数值代表资金的流出，故正号代表因经济波动而导致实际支出超出预期支出，负号代表由于经济形势变化较预期支出减少。图 5.1 统计了 2014—2019 年 PPP 项目产生的计划外支出风险。若以广义的风险口径考虑实际付费的波动，则 2014 年、2015 年、2016 年和 2019 年，全国公共部门在 PPP 项目付费中因经济波动分别比预期多支出 7729 万元、28062 万元、6363 万元、422281 万元；而 2017 年和 2018 年则分别较预期少支出 187644 万元、1048210 万元。若以狭义的风险口径考虑，即每年实际支出超出预期支出的金额，则 2014—2019 年历年承担的损失分别为 9814 万元、36823 万元、53930 万元、60445 万元、88777 万元、1588134 万元。2014—2019 年，若不对风险进行分担，全国各级公共部门对 PPP 项目的支出较预期累计存在 1837926 万元损失。

图 5.1 中 2017 年以前的项目支出风险比后期小，主要有以下几个原因：（1）数据库中主要 PPP 项目始于 2015 年。根据本书假设，PPP 项目从申报入库到签约落地并开工建设需要 1 年时间。1 年后（2017 年）存量运营类项目移交社会资本付费运行，建设运营类项目开工建设。而存量运营类项目的数量占比相对较小，因此在计算后虽表现出经济波动所产生的影响，但规模不明显。（2）公共部门新建项目在施工期间仅支出项目资本金，而项目资本金金额不受利率、通胀等风险影响，无论在实际中还是计划情景中都完全相同，无法体现出风险的存在。

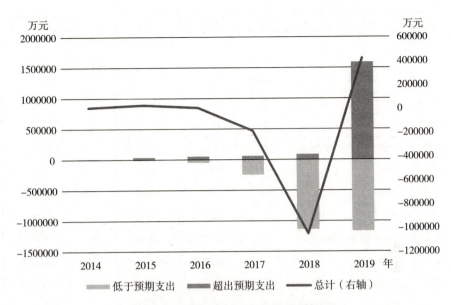

图 5.1　PPP 项目实际支出与预期的偏差

从地区和不同回报机制、运作方式的角度计算，各地区不同回报机制下得到的 PPP 项目风险可以进行分担的规模结果见表 5.3。由于 2017—2018 年融资利率走低，总体来看 5 年内全国 PPP 项目实际费用相较预期少支出 771417 万元。不过由于不同地区的运作方式、回报机制、项目数量、项目开展时间、所属行业、经济状况不同，PPP 项目风险规模也有显著不同。如辽宁、安徽、江西、湖北、四川、贵州、山西、宁夏、新疆 9 个地区的 PPP 项目受经济波动影响实际支出高于预期计划，可能蒙受较多的损失。根据本章的计算方法，使用者付费回报机制下的 PPP 项目因公共部门在合作后不需要支付任何费用，故无论经济环境如何变化，均不承担任何风险。

表 5.3　不同回报机制和运作方式下各地区支出变化　　　　　单位：万元

地区	建设运营			存量运营			总计
	政府付费	可行性缺口补助	使用者付费	政府付费	可行性缺口补助	使用者付费	
北京	7463.10	−57642.76	0	841.77	0.00	0	−49337.89
天津	−3301.48	−1162.30	0	−75.82	54.73	0	−4484.87
河北	−34601.11	47716.91	0	−397.20	−15664.45	0	−2945.84
山西	−5177.22	−8378.07	0	0.00	−3305.90	0	−16861.19

续表

地区	建设运营			存量运营			总计
	政府付费	可行性缺口补助	使用者付费	政府付费	可行性缺口补助	使用者付费	
内蒙古	50575.56	-111361.62	0	60.45	-6637.71	0	-67363.32
辽宁	9037.05	14791.23	0	-127.00	21276.64	0	44977.92
吉林	-2027.32	-29026.49	0	0.00	-17088.60	0	-48142.41
黑龙江	4979.20	-142413.60	0	714.21	0.00	0	-136720.20
上海	-2752.25	-245.86	0	0.00	0.00	0	-2998.10
江苏	-29976.89	-18165.98	0	-9973.99	-7599.54	0	-65716.41
浙江	-15193.11	-26204.62	0	-15101.24	69.56	0	-56429.41
安徽	-5885.41	21613.37	0	-5217.20	-6867.22	0	3643.54
福建	1461.96	-74436.70	0	277.57	6515.20	0	-66181.97
江西	1514.91	-970.00	0	-237.58	0.00	0	307.34
山东	16091.13	-20822.56	0	-83.67	2555.59	0	-2259.51
河南	-42877.71	-50920.54	0	-24551.96	-2274.59	0	-120624.79
湖北	31722.63	48371.39	0	-2888.82	-301.64	0	76903.55
湖南	-64716.47	-33886.94	0	-1507.41	-2581.30	0	-102692.12
广东	-27750.83	-13040.41	0	0.00	0.00	0	-40791.24
广西	5729.74	-20052.65	0	0.00	0.00	0	-14322.92
海南	-21504.84	-19361.58	0	-77.63	0.00	0	-40944.05
重庆	-32091.41	2059.57	0	0.00	-810.12	0	-30841.96
四川	-14273.13	24902.86	0	0.00	-533.34	0	10096.39
贵州	-7582.33	48287.52	0	398.96	9468.86	0	50573.01
云南	-20263.22	-64776.61	0	0.00	0.00	0	-85039.83
西藏	0.00	0.00	0	0.00	0.00	0	0.00
陕西	-10938.96	21709.51	0	0.00	0.00	0	10770.55
甘肃	1015.19	-43655.37	0	0.00	0.00	0	-42640.18
青海	-424.75	-3147.93	0	0.00	-249.89	0	-3822.58
宁夏	-12.49	16472.05	0	0.00	282.87	0	16742.43
新疆	23444.99	-6948.94	0	-299.16	-1029.94	0	15166.94
总计	-188315.49	-500697.13	0	-58245.73	-24720.80	0	-771979.14

5.4　PPP 项目微观风险的分担

5.4.1　PPP 项目微观风险的分担及其博弈

财政部出台的《PPP 项目合同指南（试行）》对风险分担给出了财政主管部门的理解：（1）分担风险的一方应该对该风险具有控制力；（2）分担风险的一方能够将该风险合理分担（如通过购买相应保险）；（3）分担风险的一方对于控制该风险有更大的经济利益或动机；（4）由该方分担该风险最有效率；（5）如果风险最终发生，分担风险的一方不应将由此产生的费用和损失分担给合同相对方。当前已有的研究对于风险分担问题主要从两个方面进行考察：一是通过定性的方式进行研究，即对风险类型进行列举并归类，确定风险分担的最佳部门。这也是实践中经常使用的方法。大部分风险的分担方都是二选一，或是公共部门，或是社会资本方。其中不少风险是由一方自身问题造成的，本应由自己承担，如操作不当导致施工延期，还有的风险按照惯例也是由一方承担，如经营中发生意外伤害等。二是通过定性定量相结合的方式进行研究，主要采用层次模糊分析法计算风险分担的最佳方案，但是使用这种方法的局限性是仍未摆脱主观性的束缚。一些风险分担模型认为最优的结果是公共部门也分担部分风险，但现实中很少有要求公共部门或者社会资本方按照一定比例去分担风险的情况，除非将项目风险视为一个整体。这样带来的问题是，将风险打包作为一个整体看待容易产生道德风险，即双方都知道自身错误带来的风险并不会受到完全惩罚，而是由另一方负担部分成本。因此，本书参考了李妍（2017）的不完全信息博弈模型进行进一步分析，不过该模型将风险视为整体，故风险总成本为 1。但是，该模型考虑到了磋商成本随着磋商次数增加而增加的摩擦问题。然而，根据模型设定，在双方风险成本均增加之后，风险总成本可能超出 1。故本书对此模型加以改进，不再将风险视为整体为 1 的单位值。基于不完全信息博弈，根据海萨尼转换的方法，本书将公共部门可能分担的风险区分为两种情况，并赋予一定的概率。本书将不完全信息博弈转换为完全但不完美的博弈，随后，基于无限回合逆推理论，在任意一点的结论都应当与其他点博弈的结果相同。

（1）模型假设

为便于分析，本书作出以下假设。

假设一：市场上存在公共部门 G 代表公共部门参与磋商，社会资本 P 作为一个整体参与磋商。双方将共同承担 PPP 项目中的风险，并且双方可以就风险分担问题进行无限次数的谈判。

假设二：双方均为理性人，为获取自身最大利益而努力。同时，在模型中双方已经确认将参与 PPP 项目，不存在退出的可能。

假设三：根据当前 PPP 实施情况，全国主要项目均由公共部门提出，故假设模型中的 PPP 项目由公共部门提出，因此公共部门先行提出分担方案。

假设四：风险作为整体出现在该模型中，模型不再针对不同类型的风险进行具体分类。该项目中风险量为 R。

（2）模型设定

在 PPP 项目中，尽管社会资本可以主动提出和建议采用 PPP 模式，不过在当前的实践中，公共部门通常处于较为强势的地位，掌握了审批事项、土地规划等多种行政权力。因此在模型中，公共部门具有较为强势的地位，可能会选择不同的风险分担量。当公共部门选择分担更多的风险时，公共部门负担的风险为 R_H，此时社会资本方分担的风险为 $R-R_H$。若公共部门选择分担更少的风险，则公共部门负担的风险为 R_L，社会资本则为 $R-R_H$。公共部门不能将超过项目总量的风险分担给社会资本，且风险是客观存在的，只要项目存在，就不可能避免。由此我们设定，$0 \leqslant R_L \leqslant R_H \leqslant R$，并且 R_H 相较 R_L 多 α 的风险量。

在不完全信息博弈中，双方都不了解所有的信息，因此公共部门的行为以概率的形式表示，并建立支付集合。在此博弈中，社会资本不了解公共部门是否会通过自身行政权力的优势分担更多的风险，因此以概率的形式表示分担风险的高低。在概率为 p 的情况下，公共部门将留存 R_H 的风险，在 $1-p$ 的概率下，公共部门留存较少的风险 R_L。

在双方博弈的过程中，虽然没有次数限制，但是多次博弈会产生成本 δ，这一成本包括项目的时间成本、机会成本、潜在的失败风险等，随着双方博弈次数增加，最终风险的损失量也将增大。在此，公共部门同样因为自身职权优势和拥有更多的信息，在面对磋商的时候拥有比社会资本更低的谈判成本。故在模型中设定社会资本方的成本系数为 δ_2，公共部门的成本系数为 δ_1。因为成本在不断增加，故可得 $1<\delta_2<\delta_1$。

（3）模型建立过程

第一回合： 在博弈开始时，根据前提假设，公共部门先进行出价，协议在概率为 p 的情况下将自身分担风险量定为 R_{H1}，将社会资本分担风险量定为 $1-R_{H1}$。则在该决策下，公共部门 G_{11} 分担的风险与社会资本 P_{11} 分担的风险分别为

$$G_{11} = pR_{H1} \tag{5.7}$$

$$P_{11} = p(R - R_{H1}) \tag{5.8}$$

同时，公共部门另有 $1-p$ 的概率分担更少的风险 R_{L1}，社会资本则分担了 $R-R_{L1}$ 的风险。此时，公共部门 G_{12} 分担的风险与社会资本 P_{12} 分担的风险分别为

$$G_{12} = (1 - p)R_{L1} \tag{5.9}$$

$$P_{12} = (1 - p)(R - R_{L1}) \tag{5.10}$$

由上述结果可得公共部门 G_1 分担风险的期望与社会资本 P_1 分担风险的期望分别为

$$G_1 = G_{11} + G_{12} = pR_{H1} + (1 - p)R_{L1} \tag{5.11}$$

$$P_1 = P_{11} + P_{12} = p(R - R_{H1}) + (1 - p)(R - R_{L1}) \tag{5.12}$$

在本回合中，如果社会资本方决定接受分担的风险 P_1，则磋商结束；如果拒绝该提议，则进入下一轮博弈。

第二回合： 在第二轮博弈中，社会资本方将提出风险分担方案，公共部门分担 R_{H2}，自身分担 $R-R_{H2}$。此时公共部门仍有一定的概率 p 未要求社会资本分担更多的风险。同时，因磋商进入第二轮，还需要考虑谈判成本系数 δ_1 和 δ_2。在该情况下，公共部门 G_{21} 分担的风险与社会资本 P_{21} 分担的风险分别为

$$G_{21} = p\delta_1 R_{H2} \tag{5.13}$$

$$P_{21} = p\delta_2(R - R_{H2}) \tag{5.14}$$

在该轮磋商中，公共部门也将以 $1-p$ 的概率对社会资本施压并使之分担更多的风险，相应地，公共部门 G_{22} 分担的风险与社会资本 P_{22} 分担的风险分别为

$$G_{22} = (1 - p)\delta_1 R_{L2} \tag{5.15}$$

$$P_{22} = (1 - p)\delta_2(R - R_{L2}) \tag{5.16}$$

结合以上四式可以得到本回合中公共部门 G_2 与社会资本方 P_2 分担风险的期望分别为

$$G_2 = G_{21} + G_{22} = p\delta_1 R_{H2} + (1 - p)\delta_1 R_{L2} \tag{5.17}$$

$$P_2 = P_{21} + P_{22} = p\delta_2(R - R_{H2}) + (1-p)\delta_2(R - R_{L2}) \qquad (5.18)$$

此时第二回合出价结束，若公共部门选择接受这一提议，分担风险 G_2，则博弈结束；如果选择拒绝，则进入第三轮谈判。

第三回合：在本次磋商中，再次由公共部门提出协议。公共部门将以 p 的概率再次提议自身分担 R_{H3} 的风险，社会资本分担 $R - R_{H3}$ 的风险。此外，考虑到新一轮磋商所产生的时间成本，本轮成本系数将变为 δ_1^2 和 δ_2^2。公共部门 G_{31} 分担的风险与社会资本 P_{31} 分担的风险将分别改变为

$$G_{31} = p\delta_1^2 R_{H3} \qquad (5.19)$$

$$P_{31} = p\delta_2^2(R - R_{H3}) \qquad (5.20)$$

同时，公共部门有 $1-p$ 的概率选择将更多的风险进行分担，自身选择分担 R_{L3}。此种情况下双方的风险分担量分别为

$$G_{32} = (1-p)\delta_1^2 R_{L3} \qquad (5.21)$$

$$P_{32} = (1-p)\delta_2^2(R - R_{L3}) \qquad (5.22)$$

因此，在第三回合中，公共部门 G_3 与社会资本方 P_3 分担风险的期望分别为

$$G_3 = G_{31} + G_{32} = p\delta_1^2 R_{H3} + (1-p)\delta_1^2 R_{L3} \qquad (5.23)$$

$$P_3 = P_{31} + P_{32} = p\delta_2^2(R - R_{H3}) + (1-p)\delta_2^2(R - R_{L3}) \qquad (5.24)$$

（4）模型求解

根据无限回合讨价还价模型相关理论，在任意一点进行逆推得到的结论都是相同的，故本书假设共进行了三次博弈。

我们先从第三回合开始进行分析。在第三回合中，公共部门提议自身分担期望为 G_3 的风险，见式（5.23）。在第二回合中，公共部门将接受社会资本提议的期望为 G_2 的风险，见式（5.17）。如果第二轮中公共部门接受的风险成本大于自身将在第三轮中提出的提议，则必然将拒绝该方案。为了减少多次谈判带来的成本损失，社会资本方应当使第二轮磋商中公共部门分担的风险 G_2 不大于第三轮公共部门提出的协议 G_3。为了最大化自身利益，此时的最优策略为

$$G_2 = G_3$$

$$p\delta_1 R_{H2} + (1-p)\delta_1 R_{L2} = p\delta_1^2 R_{H3} + (1-p)\delta_1^2 R_{L3}$$

化简可得

$$p(R_{H2} - R_{L2}) + R_{L2} = \delta_1(p(R_{H3} - R_{L3}) + R_{L3}) \qquad (5.25)$$

我们继续观察社会资本分担的风险。在第三回合中，公共部门提议社会资本分担期望为 P_3 的风险，见式（5.24），而第二回合中社会资本方主

动提出分担期望为 P_2 的风险，见式（5.18）。若将两者进行比较，则

$$P_2 - P_3 = p\delta_2(R - R_{H2}) + (1-p)\delta_2(R - R_{L2}) - (p\delta_2{}^2(R - R_{H3}) + (1-p)\delta_2{}^2(R - R_{L3}))$$

将该式展开，则

$$P_2 - P_3 = \delta_2(R - (pR_{H2} - pR_{L2} + R_{L2})) - p\delta_2{}^2(R - R_{H3}) + (1-p)\delta_2{}^2(R - R_{L3})$$

将式（5.25）代入 P_2 部分得到

$$P_2 - P_3 = \delta_2(R - \delta_1(p(R_{H3} - R_{L3}) + R_{L3})) - p\delta_2{}^2(R - R_{H3}) + (1-p)\delta_2{}^2(R - R_{L3})$$

整理可得

$$P_2 - P_3 = \delta_2((1-\delta_2)R + (\delta_2 - \delta_1)(pR_{H3} + (1-p)R_{L3})) \quad (5.26)$$

根据前文假设，$1-\delta_2$、$\delta_2-\delta_1$ 为负，$PR_{H3} + (1-p)R_{L3}$ 为正，故 $P_2-P_3<0$。换言之，在此种情况下，社会资本方没有动机给出第三轮的选择，将会在第二轮的磋商中达成一致。

基于此，我们接着分析在以上情况中社会资本的对策。回顾第二回合，社会资本方提出期望为 P_2（见式（5.18））的风险方案；在第一轮磋商中，公共部门给出的风险方案为 P_1，见式（5.12）。此时如果 P_1 大于 P_2，社会资本必然会拒绝提议进入下一轮博弈。公共部门出于减少谈判成本的考虑应尽快完成协议，则会选择给出方案使 P_1 小于或等于 P_2。为了保证利益最大化，此时的最优策略为 $P_1=P_2$。根据前文可得

$$p(R - R_{H1}) + (1-p)(R - R_{L1}) = p\delta_2(R - R_{H2}) + (1-p)\delta_2(R - R_{L2})$$

将式（5.25）再次代入后化简，则

$$R - (pR_{H1} - pR_{L1} + R_{L1}) = \delta_2(R - \delta_1(p(R_{H3} - R_{L3}) + R_{L3})) \quad (5.27)$$

同样根据无限回合讨价还价模型相关理论，在任意一点进行逆推结论都相同，则不同时期的风险分担量将完全相同，即 $R_{H1} = R_{H3}$，$R_{L1} = R_{L3}$。

此时，根据假设内容，公共部门选择承受更少风险时的风险成本比分担高风险时的风险成本多 α，即 $R_H - R_L = \alpha$。

将 $R_H = R_L + \alpha$ 代入式（5.27）可得

$$R - p\alpha - R_L = \delta_2(R - \delta_1 p\alpha - \delta_1 R_L)$$

整理得到

$$R_L = \frac{(\delta_2 - 1)R + \alpha p(1 - \delta_1\delta_2)}{\delta_1\delta_2 - 1} \quad (5.28)$$

同理可得

$$R_H = \frac{(\delta_2 - 1)R + \alpha(p - 1)(1 - \delta_1\delta_2)}{\delta_1\delta_2 - 1} \qquad (5.29)$$

此时的 R_L 和 R_H 分别代表均衡时双方可能选择风险分担模式的分担量。

虽然双方的风险分担已经得到了确认，但是对于 α 的选择并不是没有限制的，有几项基本条件仍然需要满足。对于公共部门而言，使用 PPP 模式时的成本应当小于使用传统政府采购模式时的成本，这也是 PPP 模式中物有所值所表达的含义。

因此，假设公共部门在一个时期恰好达到财政平衡，若选择未来在传统政府采购模式下分担项目的全部任务，则将分担全部成本 R，同时支付建设和运营费用 C_G，从项目中可以获得收益 I_G。若选择使用 PPP 模式，公共部门需要支出成本 C_{PPP}，而项目收益用于项目公司的债务偿付和社会资本方收益，公共部门不获取任何收入。在 PPP 模式下，公共部门最高可能留存 R_H 的风险，此时必然有

$$-C_G - R + I_G \leq -C_{PPP} - R_H$$

将上文中均衡时的 R_H 代入上式，整理后可以得到

$$\alpha \leq \frac{(\delta_1\delta_2 - 1)(C_G - C_{PPP} - I_G) + (\delta_1\delta_2 - \delta_2)R}{(\delta_1\delta_2 - 1)(1 - p)} \qquad (5.30)$$

从社会资本方的角度来看，同样需要满足一定条件。在 PPP 项目中，项目公司可以从 PPP 的提供中获得收益 I_{PPP} 和公共部门补助收入。其中，公共部门补助收入款项主要来自公共部门对于 PPP 项目的支出，故补助收入款项为公共部门支出的函数。假定该补助与公共部门在 PPP 项目中的支出为线性增长关系，则该项收入可写为 βC_{PPP}。为了建设和运营 PPP 项目，社会资本方需要投资购置相应设施，其产生的成本虽然因专业化程度体现为物有所值而导致成本小于公共部门的传统方式，但是成本规模也与公共部门传统成本呈线性关系。故设定社会资本进入该 PPP 项目时成本为 γC_G。由于双方对风险进行了分担，社会资本方最高可能需要分担 $R - R_H$ 的风险成本。为了使项目能够正常运营，社会资本方的净收益应大于0。由此可得

$$I_{PPP} + \beta C_{PPP} - \gamma C_G - (R - R_L) > 0$$

假定 β 与 γ 为常数，两者之差代表使用 PPP 模式时不含风险的净成本，则

$$I_{PPP} + \beta C_{PPP} - \gamma C_G - (R - R_L) > 0$$

将上文中均衡时的 R_L 代入上式，整理可得

$$\alpha \geq \frac{(R - \beta C_{PPP} + \gamma C_G - I_{PPP})(\delta_1\delta_2 - 1) + (1 - \delta_2)R}{(1 - \delta_1\delta_2)} \qquad (5.31)$$

　　这时可以得到公共部门在出价的过程中风险分担的上限与下限的范围。

　　以往的博弈模型分析认为，PPP 模式拥有一个最佳的风险分担点。该模型的贡献之处在于证明了 PPP 模式的风险分担存在一定的合理范围。在这一可能的范围内，公共部门会选择将自己承担的风险降至最低。这一取值并非绝对的，为了吸引社会资本参加项目，公共部门也可能选择分担更多的风险以增加项目的吸引力，这与其在实践中的行为更为贴近。然而哪些风险可以进行分担，以及在现实中分担的效果如何，都还需要进一步探索。

5.4.2　实践中 PPP 项目微观风险的分担策略

　　当前已有的研究和政策性文件针对 PPP 风险分担策略提出了多种原则，不过这些公认的原则大多停留在指导层面，对于如何落地操作并没有给出实施细则。对此，一些学者通过博弈模型或模糊评价方法等给出了风险分担策略，但从实践经验来看，其与理论研究结论之间有较多差异。

　　阅读当前已落地 PPP 项目的实施方案或项目合同可以发现，一些管理水平较好的示范性项目在此类文件中明确约定了项目的付费计算模型与方法，而一些普通项目对此没有清晰的界定。总体而言，各类型实施方案或项目合同仍然存在一定的问题。根据对风险认识的态度，现有的合同可分为两类：一类对于风险共担较为轻视，方案过于笼统。不少项目对于项目的风险识别没有足够的认识，仅通过数行文字予以概括，并划分风险的分担方，随后声明双方已充分认识到项目中存在的所有风险。该类合同将 PPP 的风险分担功能基本忽视，对风险管理的认识存在较大的缺陷，是未来 PPP 项目管理需要重点关注的对象。另一类在一定程度上注重风险管理，但并未有效发挥 PPP 模式的风险分担作用。这类合同在风险分担框架中虽对不同类型的风险实际承担者给出了方案，但是在后文的付费方法中却未能加以体现，使得风险分担的执行存在较大的模糊空间。

　　结合前文中的融资成本风险、价格调整风险和运营收入风险分析，当前实践中的相关风险分担策略通常表现为以下几种形式。

　　第一，融资成本风险。在 PPP 项目的合作中，公共部门一般会承诺在达到一定绩效的条件下给予社会资本适当的回报率。典型的 PPP 项目只会将这一回报率体现在项目投资额与运营收入中，而不承诺将这部分回报应用在社会资本通过债务融资的部分上。融资成本的确定来源于招标过程中社会资本的投标价格，这一价格源自社会资本对自身资金实力与信用能力的评估。一些地区的公共部门对这一风险分担有着不同的看法，在合同中直接约定固定的利率，在招标时便直接承诺将给社会资本投资的资本金及融资资金以固定的收益回报率。从风险分担的角度看，这一方法也存在一定优势，即公共部门将项目回报率（成本）锁定于固定的收益率，社会资本方的投资补贴也随之固定，无论自身融资成本如何变化，这一风险都由社会资本分担，不会传导至公共部门。一般情况下，设定的项目回报率高于社会资本可能的融资成本，否则社会资本参与合作将取得负收益。也有合同认为，这一融资成本与回报需要与中国人民银行贷款基准利率挂钩，当基准利率进行调整的时候，这一比例也应适当调整。不过我国贷款基准利率调整并不完全能够反映市场实际情况，且调整周期较长。随着我国贷款逐渐走向以 LPR 为基准的方式，严格参考这一方法已经不再适用。总结而言，该种调整思路是为了与市场利率进行锚定，从而确定对社会资本的回报率。本书在下文的研究中使用 5 年期国债利率作为替代指标。

第二，价格调整风险。价格调整主要以 CPI 为代替指标，并运用在实施方案或合同的风险分担框架中。涉及行业较为单一的项目通常将该项目的主要行业 CPI 变化作为基准指标，如以项目原材料物价为锚定；而大多数项目难以具体估算不同生产原料成本的权重，因而使用本地区 CPI 作为价格调整系数。目前，各行业对于通胀所带来风险的分担尚未形成共识，风险分担框架中选择公共部门分担、社会资本分担、双方共同分担的现象均存在。相比之下，在项目建设方面风险分担方案会更加成熟，不少地区的 PPP 合同明确约定，在建设期内主要原材料市场价格变动超过 5% 的，可以根据市场价格进行协商并实时调整，在 5% 以内的部分则不再进行价格补贴。

第三，运营收入风险。项目实施方案和项目合同通常约定项目建设和运营阶段成本的超支风险由社会资本分担。实践中，项目建设和运营期间的预算与实际支出存在差异是较为正常的现象，毕竟不少风险难以预料。当前应对运营收入风险的策略仍处于简单的初级层面，例如，通过绩效评价指标反映项目运营能力，当项目运营不达标时扣除相应分数，减少公共部门付费或补贴款数。但这种算法存在一些问题，如果是项目自身管理不善导致的风险，则该风险必然由社会资本分担；如果是行业周期导致的风险，是否仍由社会资本分担？若需要区分不同的风险情况，则需要在合同中清楚地说明成本的超支与预期收入的不达标是由于项目自身问题还是整个行业的供需情况而导致。此外，绩效评价对项目的运营收入不及预期也没有给出严格的定义，是低于某一特定比例还是严格按照预期的收益数值

进行计算？目前的合同中均未能明确给出超支的界限在什么地方，风险分担方案仍然存在细化的空间。

5.4.3　实践中 PPP 项目微观风险分担效果的评估方法

根据前文的定义，风险是有关主体在一定风险因素下，因某一风险事故发生而蒙受某种损失的可能性。因此，对于 PPP 项目而言，风险发生后所表现出的形式便是付出更多的费用，而计算更多支出的方法便是与基准进行比较。因此，需要结合一个不进行任何决策的基准，衡量不同风险的分担策略（付费策略），以及造成损失的可能性与预期发生的损失。

为了能够更为有效地考察公共部门选择 PPP 模式的付费总额及面临的风险，本书继续采用第 4 章提出的现金流计量法作为定量分析的基础，并通过对不同 PPP 模式的风险分担方案进行蒙特卡罗模拟，分别单独考察每一项风险的分担策略对公共部门用于 PPP 项目支出的影响。付费总额是由每一期的支出所组成的，而每一期的"实际支出"为模拟所得，因此需要对"实际支出"的分布情况进行假设。

本书假定每一项风险均服从正态分布。其中，融资成本为 2010—2019 年各省（自治区、直辖市）5 年期城投债利率。价格调整指标选用 2001—2019 年 31 个省（自治区、直辖市）的 CPI 数据。行业成本费用利润率在前文中已进行说明，该数据是围绕基准进行了标准化的数值，即设定均值为 1，若当年取值高于该数值则收益大于 1，低于该数值则收益小于 1。本书同时计算了折现后的项目价值，折现率参考 PPP 项目合同中常用的参考指标——5 年期地方政府债券利率。以上数据均来自 Wind 数据库。具体参数信息见表 5.4。

表 5.4　基本变量的设置

项目	价格调整	利率	折现率	收益波动
均值	0.0234	0.0577	0.0348	1
标准差	0.000353	0.00807	0.00192	0.9022

本书将分别计算出均值、标准差、预期风险 3 个指标，用于直观对比每一种风险分担方案的区别。其中，均值指标代表在项目全生命周期内公共部门付费的均值，即需要支付该 PPP 项目全部费用的平均值，这一指标直接反映了项目整体的费用支出情况。标准差指标表明了采用某种合作方式和风险分担方案的 PPP 项目可能出现的费用分布程度。较高的标准差代表在该种风险分担方案下，公共部门可能在单个 PPP 项目中承受更多的支出

波动，既可能有更多的损失，也可能在有约定分红的情况下获得更多的收益。预期风险指标则代表在该种风险分担策略下所面临的损失。预期风险的计算方法如下：

本书预期风险的依据是传统评估商业银行预期损失的方法——商业银行持有的债务风险的评估，反映一旦债务人违约将给债权人造成损失的严重程度。

$$预期损失（EL）=违约概率（PD）×违约损失率（LGD）×$$
$$违约敞口风险（EAD） \qquad (5.31)$$

参考这一思想，本书对式（5.31）进行了一些修改，用于评估PPP项目付费的风险损失。PPP项目的预期损失是指PPP项目按照预期正常建设经营的条件下，在项目合作期间因经济因素发生变化而可能蒙受的平均损失。由此可得式（5.32）。

$$预期损失=\sum（情况发生概率×付费额）-项目支出均值 \qquad (5.32)$$

如图5.2所示，假设PPP项目因各项风险而可能产生的全生命周期支出服从正态分布，则均值为PPP项目在预期情况下的支出。左侧低于预期支出代表实际支出少于预期支出，这是实际收入增加或开支减少等因素所产生的结果。右侧则是相较预期超出的情况。根据上述预期损失计算方法，可以求得付费超出预期情况下不同情形发生的概率与相对应的费用，并加权获得超出预期的费用均值。这一数值与项目实际费用之间的差即为PPP模式下的预期损失。

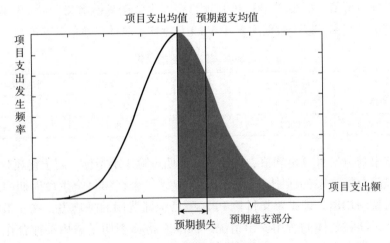

图5.2 预期损失示意图

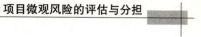

　　为进行更为细致的模拟计算，本书同时对几项 PPP 的关键变量作出以下假设。

　　假设一：每一期的经济决策并不受到上一期决策的影响。换言之，每一期的数值都是独立的，与上一期无关，且所有变量都服从正态分布。

　　假设二：项目投资额为 100 万元，周期为 20 年。建设运营类项目的建设周期为 20 年。

　　假设三：项目公司的股权与融资比例分别设定如下：在 PPP 模式中，项目资本金占投资额的 20%，公共部门出资占投资额的 20%，其余部分由社会资本融资完成；在传统政府采购模式中，公共部门自有资金支付 20% 的投资额，剩余 80% 进行债务融资。项目每年的经营成本为投资额的 2%。

5.4.4　数值模拟

　　下文将通过蒙特卡罗模拟，按照前文中所提出的 4 种风险类型，分别考察不同风险在实际分担策略中的付费情况，并尝试提出修改建议。

　　（1）参照基准

　　参照基准是后续风险策略效果评估的对标依据，也就是公共部门完全承担上述风险时的情况。价格变化按期调整，经营收入按照当年实际支出进行调整，融资成本也按照实际标准进行补贴。这一方法是最为保守的估计策略，有效的风险分担策略应当比参照基准拥有更低的均值、方差和预期损失。换言之，公共部门在风险分担策略下支付更少的费用、分担更少的风险、面临更少的损失。

　　表 5.5 展示了公共部门对 PPP 项目的社会资本方完全付费时的计算结果，作为完全承担风险的方式，该数值是以下各种分担策略的参照基准，若计算结果低于该基准，即证明分担策略有效，反之则无效。表中各项内容为 PPP 项目全生命周期的付费总额。例如，政府付费回报机制在折现的情况下，使用 PPP 模式，投资额为 100 万元时，完整的项目合作周期内公共部门将总计支付 156.1706 万元，预期损失为 16.3885 元。

　　表 5.5 结果显示，建设运营类 PPP 项目在政府付费和可行性缺口补助两种回报机制下的，最终付费均值、标准差与预期损失均小于同等条件下的传统政府采购模式。这表明在本书给定的参数条件下，PPP 模式完全优于传统政府采购模式。而存量运营类 PPP 项目则出现了相反的情况，即总支出均值、标准差与预期损失完全大于传统政府采购模式。使用者付费回报机制因为其特性，在采用 PPP 模式合作期间，项目所有权和收益权完全属于项目公司，公共部门不分担风险，因此项目标准差为 0。

单位：万元

表 5.5　政府完全承担风险的情况（参考基准）

建设运营

合作模式		政府付费			可行性缺口补助			使用者付费		
		均值	标准差	预期损失	均值	标准差	预期损失	均值	标准差	预期损失
未折现	PPP	213.1858	8.3903	0.0676	166.8767	7.9651	6.3958	4	0	0
未折现	政府采购	229.7098	11.8971	9.4258	183.4519	11.6746	9.2418	20.5060	3.6900	2.8567
折现	PPP	154.2310	17.5450	14.5741	121.4996	14.0058	11.6641	4	0	0
折现	政府采购	156.1706	19.6653	16.3885	123.4084	16.3997	13.6912	5.7833	5.0174	4.0724

存量运营

合作模式		政府付费			可行性缺口补助			使用者付费		
		均值	标准差	预期损失	均值	标准差	预期损失	均值	标准差	预期损失
未折现	PPP	125.3349	9.4064	7.5966	74.9792	9.0263	7.2598	-96	0	0
未折现	政府采购	50.2981	2.4987	2.0236	-0.0064	0.5519	0.4451	-171.0648	9.1075	7.2128
折现	PPP	68.5103	17.4074	14.4116	31.7976	13.9467	11.5643	-96	0	0
折现	政府采购	36.7414	4.1417	3.4799	-0.0027	0.4020	0.3193	-127.9132	14.0254	10.6227

（2）运营收入风险控制

运营收入风险的控制分为两种情况：第一种情况下，公共部门不承担任何收入风险和成本风险，同时，当项目因运营较好而获得超额收益时，为了吸引社会资本参与 PPP 项目，公共部门承诺不分享任何收益。在这种情况下，代表成本费用利润率的变量恒定为 1，不随时间推移而改变。第二种情况下，公共部门不承担任何成本增加的风险，但如果有更多的超额收益，公共部门按照股权比例参与收益分享。按照前文假定，公共部门在项目中的股权比例为 20%。

表 5.6 展示了不同风险分担策略下的 PPP 项目计算结果，其中，分享收益的策略相比不分享收益的策略有更小的标准差和预期损失，不过总体而言，对比参照基准下的 PPP 项目全生命周期付费情况没有明显的改善效果，不同合作方式和回报机制下的总付费均值仅下降约 0.2 万元。从原理上看，主要有两个原因：一是实际费用支出在每年的项目支出中占比较小，因此尽管存在波动，但对总体项目的影响不甚明显；二是长期来看成本与收益可能相互抵销，从项目全生命周期来看总付费的变化是不明显的。

按照现代公司管理理论，公司股东一般按照持股比例分享收益并承担亏损。由于 PPP 项目的特殊性，公共部门一般不承担项目中可能产生的经营亏损。但是，如何正确地判断亏损是否因项目"经营能力不佳"而产生的是十分困难的，尽管公共服务项目现金流相对稳定，但是细分至不同行业也会产生自己的周期，这些周期是否应当按照经营收入风险进行判定也是模糊的地方。当这些因素都不被考虑后，成本的波动会更加凸显。

表 5.6 成本与收益风险的分担

单位：万元

建设运营

风险分担策略		政府付费			可行性缺口补助			使用者付费		
		均值	标准差	预期损失	均值	标准差	预期损失	均值	标准差	预期损失
未折现	不分享收益	212.9769	8.4345	6.8409	166.6973	8.0269	6.5292	4	0	0
	按股权分享收益	212.8077	8.3589	6.6750	166.7098	8.0100	6.4826	4	0	0
折现	不分享收益	154.5132	17.9026	15.9895	121.7163	14.3193	12.7461	4	0	0
	按股权分享收益	154.0121	17.9213	15.8464	121.4124	14.3206	12.5869	4	0	0

存量运营

风险分担策略		政府付费			可行性缺口补助			使用者付费		
		均值	标准差	预期损失	均值	标准差	预期损失	均值	标准差	预期损失
未折现	不分享收益	125.1035	9.4616	7.6882	74.7764	9.0958	7.4075	−96	0	0
	按股权分享收益	124.9205	9.3847	7.4879	74.7911	9.0774	7.3544	−96	0	0
折现	不分享收益	68.8001	17.7855	15.8453	32.0218	14.2780	12.6589	−96	0	0
	按股权分享收益	68.2840	17.7709	15.6944	31.7186	14.2460	12.5253	−96	0	0

（3）融资风险控制

目前实践中用于控制融资风险的方式通常是通过招投标确定最低回报率，还有一种方式是许诺社会资本融资部分与自有资金参与投资的部分获得相同的收益率。第一种方式与前文的基准模型算法相同，故本部分主要考察第二种方式，并与第一种方式进行对比。

参考当前已签署的 PPP 合同可知，PPP 项目的主要回报率在 6% 与 7% 之间。本书以这两个等级的回报率作为标准进行计算，计算结果见表 5.7。在 7% 的回报承诺下，公共部门实际付费的均值高于基准情况，因为当公共部门承诺对项目融资部分给予更高的回报率时，总体的付费额度也将提升。除使用者付费外的两种回报机制在未折现和折现情况下的总支出比基准情况分别提高了近 0.12 万元和 0.14 万元。不过这一方法降低了项目总支出的标准差和预期损失。6% 的回报承诺略有不同。在基准模型中，公共部门承诺给社会资本股权部分 7% 的回报，而对融资部分以市场融资成本进行补贴，其均值为 5.6%。6% 的回报率低于股权部分的回报，却高于市场的平均值。在这一情况下，计算结果表明公共部门的总支出低于基准支出，同时标准差与预期损失也显著地小于基准情况。

不过在此种分担方案下，公共部门对社会资本方使用贷款获得的投资本金仍然给予固定的回报在某种程度上是不合理的。这意味着社会资本方通过杠杆的形式获得了更多的利润，在未来的发展中参与合作的企业可能会进一步压低项目股份的比例或者抬高项目投资金额，从而博取更多收益。如何避免这一逆向选择问题的出现是该情况下需要考虑的重点。

（4）价格调整风险控制

目前常用的价格调整模式是在共同分担的基础上改变调整时间。这一理念的基本思路是节省付费价格的计算量，同时稳定预期付费额。然而从长期来看这样的调整方法似乎并不能从根本上分担通胀所带来的风险，无论时间长短，所有的价格变化仍然是需要公共部门足额付费的。为了进行验证，本书计算了调整周期分别为 3 年和 5 年的价格调整合约。

表 5.8 展示了两种风险分担策略的计算结果。与基准情况进行对比可知，延长价格调整间隔并不能减少 PPP 支出，也不能减少公共部门总付费与波动，甚至可能因为短期内没有快速跟进价格的变化而导致项目在全生命周期中分担更多的波动和损失。

表 5.7 承诺既定收益时的风险分担

单位：万元

建设运营

风险分担策略		政府付费			可行性缺口补助			使用者付费		
		均值	标准差	预期损失	均值	标准差	预期损失	均值	标准差	预期损失
未折现	7%	225.3042	2.6830	12.3680	179.0246	0.1755	12.3593	4	0	0
	6%	212.6262	2.6241	2.0374	166.3676	0.1485	0.0655	4	0	0
折现	7%	163.0097	17.8212	19.1603	130.2885	13.9749	15.9032	4	0	0
	6%	154.0860	16.8569	14.9195	121.3073	12.9988	11.4542	4	0	0

存量运营

风险分担策略		政府付费			可行性缺口补助			使用者付费		
		均值	标准差	预期损失	均值	标准差	预期损失	均值	标准差	预期损失
未折现	7%	139.0842	2.6988	14.0348	88.7573	0.1766	14.0258	-96	0	0
	6%	124.7183	2.6443	2.0480	74.4127	0.1497	0.0619	-96	0	0
折现	7%	78.8314	17.3162	19.4350	42.1318	13.4346	16.3166	-96	0	0
	6%	68.3223	16.3146	14.4191	31.5628	12.4195	10.9505	-96	0	0

表 5.8　不同价格调整周期的风险分担

单位：万元

建设运营

风险分担策略		政府付费			可行性缺口补助			使用者付费		
		均值	标准差	预期损失	均值	标准差	预期损失	均值	标准差	预期损失
未折现	每 3 年调整价格	214.5314	9.4304	7.6620	166.9752	7.9883	6.5640	4	0	0
	每 5 年调整价格	214.6065	10.2435	8.8524	166.9113	8.0224	6.6001	4	0	0
折现	每 3 年调整价格	155.1012	17.7164	16.0190	121.4712	13.8579	12.3564	4	0	0
	每 5 年调整价格	155.2910	18.3842	16.6776	121.5580	14.2226	12.6505	4	0	0

存量运营

风险分担策略		政府付费			可行性缺口补助			使用者付费		
		均值	标准差	预期损失	均值	标准差	预期损失	均值	标准差	预期损失
未折现	每 3 年调整价格	126.7850	10.3858	9.0449	75.0859	9.0515	7.4349	-96	0	0
	每 5 年调整价格	126.8509	11.1537	9.6470	75.0124	9.0890	7.4661	-96	0	0
折现	每 3 年调整价格	69.5011	17.5592	15.9396	31.7952	13.7691	12.2378	-96	0	0
	每 5 年调整价格	69.6723	18.2693	16.6214	31.8644	14.1630	12.5730	-96	0	0

这一问题可以遵照风险分担的原则进行改进，即合作双方对项目实际成本的变化进行分担。当项目合同约定公共部门与社会资本双方共同分担价格调整风险时，公共部门仅需要按照分担比例调整有关支出。具体计算方法如下：

$$实际分担价格调整 = \prod_{1}^{t} \left(1 + \frac{inf_i}{n}\right) \tag{5.33}$$

其中，n 为公共部门需要分担风险的比值。t 为所需要计算的付费时期。表 5.9 汇报了公共部门分担 1/2 与 1/4 价格变化时可能面临的情况。

随着分担价格变化风险责任的减少，除使用者付费项目外，公共部门的支出均值、标准差与预期损失都相较于基准情况有所下降。在未折现的情况下，建设运营的政府付费项目平均支出可分别节省约 6 万元（分担 1/2价格变化）和 8 万元（分担 1/4 价格变化），而可行性缺口补助项目则相对较少，仅能够分别节省 0.59 万元和 0.57 万元。不过从标准差和预期损失的角度看，政府付费模式是绝对占优的，可行性缺口补助模式则在一定程度上扩大了付费分布的标准差和预期损失。

（5）整体超支风险控制

在 PPP 等长合作周期中，完全按照预算资金控制成本而不发生成本超支是十分困难的事情。一些合同认为，本书重点研究的宏观经济风险并非公共部门或社会资本所能决定的，应当由公共部门和社会资本共同承担。因此，本书提出一种新的风险分担情况，即为了保证项目能够长期稳定运营，公共部门承担超出预期 5% 和 10% 以内的成本，其他极端情况则不再负责。

表 5.10 汇报了该种情况的模拟结果，可以发现分担部分超支风险能够降低公共部门对 PPP 项目的平均支出与支出的可能分布范围，在未折现时建设运营类项目的支付平均数分别下降了 6.8 万元（政府付费）、6.4 万元（可行性缺口补助），预期损失分别下降了 6.76 万元（政府付费）、6.39 万元（可行性缺口补助）。使用者付费项目不涉及损失，因此预期损失均为 0。不过该模式需要注意的问题是需解决委托代理中的道德风险问题，即如何避免社会资本将经营利润通过财务手段做入成本中套取公共部门的付费。

表 5.9　修改价格调整分担比例

单位：万元

建设运营

风险分担策略		政府付费			可行性缺口补助			使用者付费		
		均值	标准差	预期损失	均值	标准差	预期损失	均值	标准差	预期损失
未折现	分担 1/2 价格变化	207.0344	8.0804	4.7811	166.2832	7.9802	6.3330	4	0	0
	分担 1/4 价格变化	204.6093	8.1259	4.3971	166.3100	8.0996	6.4561	4	0	0
折现	分担 1/2 价格变化	150.1174	17.3877	14.2436	121.0277	14.2989	12.6370	4	0	0
	分担 1/4 价格变化	148.6587	17.1275	13.5331	121.1276	14.2434	12.5346	4	0	0

存量运营

风险分担策略		政府付费			可行性缺口补助			使用者付费		
		均值	标准差	预期损失	均值	标准差	预期损失	均值	标准差	预期损失
未折现	分担 1/2 价格变化	119.1298	9.1363	5.5584	74.3568	9.0435	7.1903	-96	0	0
	分担 1/4 价格变化	116.7214	9.2052	5.2457	74.4096	9.1792	7.3454	-96	0	0
折现	分担 1/2 价格变化	64.3951	17.2618	14.0604	31.3473	14.2402	12.5369	-96	0	0
	分担 1/4 价格变化	62.8873	16.9868	13.3889	31.4096	14.1676	12.4428	-96	0	0

表5.10 公共部门承担一定范围的损失

单位：万元

建设运营

风险分担策略		政府付费			可行性缺口补助			使用者付费		
		均值	标准差	预期损失	均值	标准差	预期损失	均值	标准差	预期损失
未折现	不承担	206.3758	4.9807	0	160.3965	4.7461	0	4	0	0
	超支5%	211.4394	7.0113	4.5859	164.6950	6.3352	3.7812	4	0	0
	超支10%	212.7528	8.3006	6.6450	166.2499	7.6174	5.9031	4	0	0
折现	不承担	140.8431	9.3581	0	110.7404	7.4110	0	4	0	0
	超支5%	146.6276	11.0691	3.7373	115.9901	8.7287	2.9372	4	0	0
	超支10%	150.0343	12.9532	7.2934	118.1752	10.0465	5.6311	4	0	0

存量运营

风险分担策略		政府付费			可行性缺口补助			使用者付费		
		均值	标准差	预期损失	均值	标准差	预期损失	均值	标准差	预期损失
未折现	不承担	117.6966	5.5780	0	67.6304	5.3649	0	-96	0	0
	超支5%	121.3118	6.8161	3.0376	70.0647	6.0880	1.8819	-96	0	0
	超支10%	123.2481	8.0228	5.3691	71.4794	6.8423	3.5325	-96	0	0
折现	不承担	55.1967	9.2913	0	21.1102	7.4083	0	-96	0	0
	超支5%	57.6991	10.1110	1.6763	22.5344	7.8979	0.7835	-96	0	0
	超支10%	59.7782	10.9881	3.2673	23.5665	8.2633	1.5291	-96	0	0

5.5　小结

本章对 PPP 项目的微观风险进行了考察和实证分析。

首先，基于一个改进的博弈模型对 PPP 项目的风险分担策略进行了分析。模型分析认为，PPP 项目的风险分担存在一个区间范围，在可分担的范围内，公共部门与社会资本通过博弈或其他手段，最终确定双方需要承担的风险责任。不过对于不同运作方式的 PPP 项目，这一风险分担范围存在一定区别。

其次，为了对 PPP 项目风险进行定量分析，本章将 PPP 项目风险进行梳理后以公共部门为视角进一步划分为不可分担的风险、可分担且能够有效控制的风险、可分担但难以控制的风险 3 种类型。其中，不可分担的风险与是否采用 PPP 模式无关，可分担且能够有效避免的风险并不是公共部门采用 PPP 模式分担风险的主要关切，可分担但难以有效控制的风险是本章关注的重点。通过将主要风险点进行合并，本章筛选出融资成本风险、价格调整风险、运营收入风险。通过选取合适的指标，并结合每一个项目所处时期、地理位置、行业特征等差异性因素，本书对 2014 年以来各省（自治区、直辖市）采用 PPP 模式分担的风险进行了测算。2014—2019 年，若不对风险进行分担，全国各级公共部门对 PPP 项目的支出较预期累计存在约 1837926 万元的损失。

最后，本章对实践中融资成本风险、价格调整风险、运营收入风险的分担策略进行了分析和评估，使用第 4 章创建的 PPP 现金流计量法并通过蒙特卡罗模拟，考察了不同合作机制下公共部门可能分担的风险和面临的预期损失。结果发现，当前融资成本风险和运营收入风险的分担策略具有一定效果，但存在进一步优化的空间。而价格调整风险的分担策略并没有有效地将风险与社会资本进行分担，甚至增加了公共部门的支出。对此，本章对不同风险管理方法给出了改进的风险分担策略，并模拟证明其可以显著降低公共部门所分担的风险。

第6章　PPP 与地方政府债务风险的评估与化解

6.1　引言

　　地方政府债务风险的来源是地方政府的外源融资行为，这一行为的产生是由于在经济不断发展的过程中，地方政府收入不足而无法有效满足公众对公共基础设施的需求，同时因财政制度上存在"事权责权不符""预算软约束"等问题而进一步加剧。公共基础设施投资往往数量多、涉及资金规模大，在传统政府采购模式下，地方政府用于投资的大多数资金来自外部融资。使用 PPP 引入社会资本投资替代部分地方政府的外部融资或获得特许经营费用收入，可以减少地方政府的融资压力，最终达到缓解地方政府债务风险的目的。本章将围绕这一基本理论展开分析，探究实践中 PPP 对地方政府债务风险的化解作用。

6.2　我国地方政府债务及其风险

6.2.1　我国地方政府债务的界定、分类与规模

　　地方政府债务是涵盖面广泛的名词，具体而言包含多种类型、来源不同的负债。接下来，本书先对地方政府债务进行定义与分类。

　　首先，地方政府一般债务。此类债务是指政府的赤字除预算稳定调节基金或其他预算调整方法外，为进行平衡向上级财政的借款。2014 年财政部印发的《地方政府存量债务纳入预算管理清理甄别办法》（以下简称《甄别办法》）认为，应将项目没有收益、计划偿债来源主要依靠一般公共预算收入的债务定义为一般债务。2020 年新修订的《预算法实施条例》则指出，一般债务包括列入一般公共预算用于公益性事业发展的一般债券、地

方政府负有偿还责任的外国政府和国际经济组织贷款转贷债务，相比《甄别办法》增加了外债的内容。总结而言，一般债务只能由一般债券进行平衡，其特点是没有收入来源。

其次，地方政府专项债务。这是一种与一般债务稍有不同的政府债务，《甄别办法》对于专项债务的定义是：项目有一定收益、计划偿债来源依靠项目收益对应的政府性基金收入或专项收入、能够实现风险内部化的债务，其特点是能够实现风险内部化。同时，在对存量债务进行认定时，部分具有收益但收益无法完全覆盖债务成本的，无法覆盖的部分作为一般债务进行认定，剩余部分甄别为专项债务。《预算法实施条例》的定义与之类似，专项债务是指列入政府性基金预算用于有收益的公益性事业发展的专项债券。

根据 2016 年财政部发布的《关于对地方政府债务实行限额管理的实施意见》，这两项债务均受到限额管理。限额分配的具体流程为，财政部根据债务风险、财政状况、地区需求等多重考量，将本年度的赤字限额报全国人大，经批准后逐级向地方下达。省级财政部门按照本地区债务限额、根据本地区需求编制本地区政府债务预算方案，报省级人大批准后再将额度下达至市县地区。

最后，城投债。城投债在研究中常常被定义为政府拥有偿还义务的地方融资平台（现在常被称为城投公司）发行的标准化债券。同时，城投债务与地方政府债务相结合的总数也可称为地方政府性债务（毛捷和徐伟军，2019）。地方融资平台发展起始于 2009 年中国人民银行与中国银监会出台的《关于进一步加强信贷结构调整　促进国民经济平稳较快发展的指导意见》。然而，随着平台公司债务不断无序增长，地方政府进行兜底偿还的现象成为常态，城投公司债务已经成为地方政府债务风险的主要隐患之一。2017 年，财政部在《关于进一步规范地方政府举债融资行为的通知》中要求融资平台开启转型工作，最终实现市场化运营，依法合规开展融资业务。同期，国家发展改革委也强调对企业债的发行进行严格监管，债券发行申报时应明确和地方政府之间的权利责任关系，与地方政府信用严格隔离。

此外，部分研究认为，地方政府债务还包括以下内容：隐性债务，即部分事业单位、融资平台公司违规操作而产生的非市场化债务；国有企业不良资产，即国有企业经营中产生的坏账；养老保险缺口，即地方养老保险收入与支出不匹配而产生的缺口；等等。

本书参考刘尚希和赵全厚（2002）的方法，通过两个维度将债务分为四种类型：第一个维度是显性债务与隐性债务。显性债务是指出现在地方政府的资产负债表中，可以被有效统计的债务。对于隐性债务，《中共中央　国务院关于防范化解地方政府隐性债务风险的意见》给出了权威定义：地方政府在法定政府债务限额之外直接或者承诺以财政资金偿还以及违法提供担保等方式举借的债务。隐性债务的特点是因违规操作而产生，因此并不能够被清楚地反映在财务报表中，故无法有效统计。第二个维度是直接负债与或有负债。直接负债是指已成为既定事实的债务，这些债务最终都需要由地方政府承担责任。或有债务是指当前虽然已经发生但最终并不一定由地方政府承担责任的债务。

根据以上分类，显性直接债务包括地方政府一般债务和专项债务；显性或有债务包括城投债；隐性直接债务为地方养老金缺口；隐性或有债务为地方事业单位违规举债、国有企业不良资产等。目前能够较为准确计算的是显性债务，这也是本章主要关注的内容。

6.2.2　我国地方政府债务的发展与风险

（1）我国地方政府债务的形成与发展

改革开放后，财政体制改革作为一项重要的改革却缺少明确规定，监管处于缺位状态，大部分实践以试探性为主。1981 年 1 月我国出台《中华人民共和国国库券条例》，依据该条例，我国第一次发行国债。根据该条例，债券的发行由中央政府层面负责协调，"根据国民经济发展和综合平衡的需要，统一安排使用"。地方政府在其中的影响力十分微弱，因此，地方政府承担的有关债务并没有直接以负债的科目体现在政府的支出预算中。随后，于 1991 年通过的《国家预算管理条例》则在第二十六条中要求经常性预算不列赤字。同时，在第七十条中明确在预算调整中由于追加支出没有可靠的收入来源而导致财政赤字的属于违法行为。1994 年批准通过的《预算法》中，仍然规定地方政府按照量入为出、收支平衡的原则编制预算，并且不列赤字，但留下一定余地：除法律和国务院另有规定外，地方政府不得发行地方政府债券。然而正是在这一时期，地方政府平台的雏形也诞生了。1988 年国务院出台的《关于印发投资管理体制近期改革方案的通知》提出，成立能源、交通、原材料、机电轻纺、农业、林业六个国家专业投资公司。各地方政府也参考这一模式设立投资公司，随后不断演变成当前的城投公司，成为地方政府举债融资的重要渠道。

不过伴随经济不断发展，相关政策也在不断调整。2009 年，国务院首次同意地方政府在限额内发行债券。由于地方政府债务发行制度和发行渠道还未有效建设，此时期的地方政府债券是由财政部代理发行，并由财政部代为还本付息。此后，随着相关制度不断完善，部分东部经济发达省市先后经批准开展地方政府债券自发自还业务。2014 年修订的《预算法》仍然保留了量入为出、收支平衡且不列赤字的预算编制原则，但给出了地方政府可以举债的窗口。需要满足以下几项基本要求：从宏观上必须在国务院确定的限额内，这一额度由国务院向全国人大报批，获批后才可执行。在省级层面，相关债务的规模同样需要本级人大批准。同时，发行债券所融得资金只能用于公益性项目资本支出，不能用于政府经常性支出。《关于加强地方政府性债务管理的意见》对于相关情况做了进一步说明，地方政府债务举借包括一般债务和专项债务，其中，一般债务对应于无收入的公益性项目，专项债务对应有一定收益的公益性项目。更为重要的是，该意见同时鼓励 PPP 模式的施行。

（2）我国地方政府债务风险及其危害

第 3 章已经指出地方政府债务风险是指地方政府在负债运作中，因无力按期偿还债务本息而给经济、社会稳定与发展带来严重负面影响的可能性。地方政府债务风险的风险因素是地方政府在提供公共服务时因收入有限而进行债务融资弥补资金缺口的行为。目前地方政府发行债务唯一合规的途径是在地方政府债务限额内经人大批准发行地方政府一般债券和地方政府专项债券；地方政府控股的城投公司也通常为提供公共服务和经济建设发行标准化债券，根据现行政策，地方政府信用与城投公司信用已完全独立，不过研究普遍认为城投公司的信用往往受到地方政府的隐性担保（张雪莹和王玉琳，2019；朱莹和王健，2018）。

地方政府债务风险的风险事故是地方政府因自身收入不足且无法获得救助资金用于偿还债务本息。地方政府的收入包括税收与非税收入、上级政府的税收返还、与项目相对应的政府性基金收入等；救助资金来源于上级政府的财政备用金或调拨的相关资金，以及发行债券进行的暂时性补充。对于已剥离信用的城投公司，则是指城投公司因经营收入不足且无法获得有效救助无法偿还债务本息。研究认为，城投公司受到地方政府的隐性担保，因此城投债可反映出地方政府的财政能力（邹瑾等，2020）。

地方政府债务风险会产生很多可能、潜在的危害。首先，对作为债务人的地方政府的可能危害包括以下几个方面：一是限制地方政府的行政能力，使地方政府不能正常运转。地方政府的主要目标是提供社会服务，当发生地方政府债务风险时，地方政府没有足够资金用于维持社会运作，如学校、医疗等相关依靠财政发放工资补助的相关机构难以正常运行，无力开展公共事业投入以满足基本需求，公共基础设施建设停滞不前，不利于经济继续发展。二是使地方政府陷入借新偿旧、寅吃卯粮的陷阱。我国地方政府普遍存在预算制定随意、账目口径不清、负债规模不透明、资产价值虚高等现象。当债务风险发生时，地方政府无法对收支进行有效规划。但是，我国地方政府不存在"破产"的可能性，为了维持政府行政能力和地方经济生产的基本保障，容易陷入以债偿债的陷阱，最终将短期的债务风险转变成长期的债务风险。三是地方政府与城投公司相互绑架，将地方政府债务风险传导至金融市场。城投公司依托地方政府的隐性担保，往往会借助信托等金融工具发行非标准化产品进行融资。当城投公司信用破产时，持有城投融资产品的金融企业将蒙受损失，若同时发生流动性不充分或资产不足，将影响金融市场安全。四是造成国有资产流失。偿债压力会迫使地方政府变卖持有的国有资产来获取资金，这些资产往往无法按照实际价值出售，最终造成国有资产流失。

其次，对债权人而言，直接的危害就是地方政府债券或城投债务的投资可能蒙受本金和收益的损失，因无法按时收到资金，还可能面临流动性风险。

目前，我国地方政府债务风险总体可控。截至 2019 年 12 月末，全国地方政府债务余额为 21.3 万亿元，总量保持在全国人大批准的限额以内。分类来看，一般债务为 118694 亿元，专项债务为 94378 亿元，非政府债券形式的存量债务约为 1889 亿元。全国总体负债率约为 21.6%，若包含中央政府债务，全国政府负债率是 38.5%，两者呈现缓慢上涨的趋势。相较于欧盟对成员国 60% 的负债警戒线，我国政府负债率整体可控。

根据中国地方政府债券信息公开平台的数据，各地区地方政府负债水平差异显著，个别地区风险相对较大。2019 年负债率最高的几个地区（如青海、贵州、宁夏、内蒙古、海南）已经超过 40%，另外，吉林、甘肃、天津、黑龙江、云南、新疆等几个地区超过了 30%（见表 6.1）。

表 6.1　全国各地政府负债率　　　　单位:%

地区	2019 年	2018 年	2017 年	2016 年	2015 年
北京	14.03	12.83	13.84	14.58	24.89
天津	35.16	30.52	18.46	16.29	13.63
河北	24.94	22.40	18.08	17.75	17.88
山西	20.63	18.57	16.61	17.56	15.88
内蒙古	42.45	40.61	38.62	31.32	30.59
辽宁	27.73	28.12	27.84	29.54	23.22
吉林	37.05	32.98	21.37	19.60	19.57
黑龙江	34.89	32.05	21.73	20.28	20.32
上海	15.00	13.98	15.32	15.92	19.43
江苏	14.93	14.25	14.00	14.10	15.05
浙江	16.66	15.49	14.87	14.80	14.98
安徽	21.38	19.71	21.55	21.79	23.13
福建	14.73	14.01	15.23	15.57	16.23
江西	21.61	21.04	21.34	21.39	22.35
山东	16.25	15.25	12.58	12.49	12.91
河南	14.58	13.10	12.45	13.65	14.75
湖北	17.54	15.89	16.11	15.63	15.47
湖南	25.59	23.97	22.61	21.64	21.29
广东	10.70	9.87	9.93	10.39	11.04
广西	29.82	27.99	26.11	24.93	24.06
海南	42.02	39.55	38.52	38.49	37.76
重庆	23.74	21.72	20.69	21.06	21.50
四川	22.69	21.67	22.98	23.72	24.84
贵州	57.68	57.54	63.56	73.96	83.36
云南	34.88	34.19	41.07	42.96	45.74
西藏	14.96	8.72	7.55	5.04	7.60
陕西	25.53	24.59	24.64	25.35	27.46
甘肃	35.75	30.75	27.73	24.71	23.39
青海	70.87	64.16	57.64	52.05	51.10
宁夏	44.26	39.57	35.60	36.96	36.23
新疆	34.04	31.07	31.04	29.40	28.24

6.3 PPP 与我国地方政府债务风险的化解

6.3.1 地方政府债务融资方式的不足与 PPP 的优势

由于地方政府事权与财权不匹配、预算软约束等因素的影响，发行债券仍然是当前经济发展阶段中最重要的融资手段。地方政府发行债券的主要目标是解决发展中资金需求量大但财政收入不足的矛盾。为了防范地方政府债务风险，国务院、财政部等多个部门已就地方政府债务管理出台了多项政策，地方政府在使用债务融资时受到多个维度的监管，尚不能灵活满足各种需求：（1）发行债券有总额限制，省内的额度需要在本省内部进行调配，并根据项目的重要性进行选择。部分地区因经济实力相对处于弱势地位，也不是重点扶持对象，难以被列入债务项目名单。（2）地方政府债务需要统一规划，灵活性不足。为了防范系统性风险，守住底线，地方政府债务受到严格的监控和管理，只有省（自治区、直辖市）一级地方政府部门才可以发行地方政府债券。行政层级的增加会直接影响资金调动的效率。需要指出的是，这里的效率指的是能够快速地使用与落实，而不是脱离监管的自由使用权。对于 PPP 项目，区县一级地方政府便有权进行审批。使用资金也依靠本级财政的收入情况进行评估。（3）债务到期的现金流压力。债务风险面临的根本问题是到期无法有效承受偿还压力。得益于地方政府债务的融资利率远低于企业，地方政府容易产生幻觉，认为其财政实力可以支撑利息偿还并进一步扩大举债，而忽视债务最终是需要偿还的事实。

地方融资平台是地方政府债务外源融资的补充渠道，一方面，为推动本地区经济发展作出了值得肯定的贡献，但另一方面，因负债产生高杠杆而带来的债务风险也不断引起中央政府的重视。作为地方政府债务风险产生的另一个根源，地方融资平台同样面临不断增强的监管压力。一是已经成为监管的重点。原银监会出台的《关于加强 2013 年地方政府融资平台贷款风险监管的指导意见》对融资平台的债务总量提出了要求，严格控制并防范融资平台通过各种手段变相融资。国务院在《关于加强地方政府性债务管理的意见》中再次强调，应当清晰政府和企业之间的责任，厘清政府与企业的边界，同时剥离融资平台为政府融资的职能。二是要求融资平台向市场化转型，但是现实中转型阻力重重。根据监管要求，根据自身现金流覆盖债务本息的情况，平台公司被分为"全覆盖""基本覆盖""半覆盖""无覆盖"，分别对应覆盖 100%（含）以上、70%（含）至 100%、30%（含）至 70%、30% 以下。融资平台具备商业化贷款条件，自身具有充足稳定的经营性现金流，能够全额偿还贷款本息的将退出融资平台管理序列，目前平台公司已经基本达到现金流全覆盖。本书以常用的"城投公司"作为表述进行讨论。尽管从法律意义上讲城投公司和地方政府已经脱钩，但现实中，城投公司的收入来源仍在很大程度上依靠地方政府，诸如土地划拨、资产拨备等。

地方政府债务风险产生的原因是存量债务较高但偿债资金收入不足，因此，化解地方政府债务风险一般可以通过两种方式进行：一种方式是在收入既定的情况下减少地方政府开支，留存更多收入用于偿还债务，降低债务违约的可能性。在当前积极的财政政策环境下，用于教育、医疗卫生等维持社会正常运作的相关开支是无法减少的。能用于限制债务增长的仅有用于项目建设的额度，不过这需要地方政府在控制风险和提供基础设施之间找到完美的平衡。另一种方式是减少债务的增量，从动态的角度控制债务余额增速，当收入与负债的增速相匹配时，债务风险才更加可控。不过自《关于对地方政府债务实行限额管理的实施意见》出台后，地方政府债务的增速和总量规模已经在宏观层面上受到限制。相比之下，融资平台债务却缺少总量约束，其融资能力一般取决于融资主体所在地的经济实力。然而为了保障本地区发展，地方政府被迫接受过高的融资成本，这也成为地方政府债务风险重点关注的问题。PPP 则恰好可以发挥自身的特点和优势，通过多种渠道在一定程度上解决这些问题。

从开源节流的视角看，PPP 模式并不能为地方政府创造可观的收入，只能从支出的角度进行规划并节省支出，在收入既定的情况下减少新增的开支，达到减少地方政府债务压力的目标。PPP 模式可以从多个层面减少地方政府支出。

第一，建设运营类 PPP 项目可减轻地方政府投资支出压力。当前我国的基础设施供给仍处于扩张供给的阶段，地方政府投资也以新建为主。按照传统政府采购模式，在增加基础设施供给的情况下，地方政府必须增加投入。而基础设施类公共品和服务项目一般需要大量资本金，显然这不利于债务风险的管理。使用 PPP 引入社会资金用于投资建设后，地方政府所需承担的压力将分担至参与合作的社会资本方，缓解了一次性拿出大量资本金的压力，减少财政资金占用。存量运营类 PPP 项目则是以获取特许经营费用取得相应收益。地方政府并不善于管理所有项目，对于现存的难以依靠地方政府自身实力运作的项目使用 PPP 模式进行合作通常是通过给予特许经营权的形式完成的。由于项目资产已经存在，社会资本获得资产需要支付一定额度的特许经营费用，可充实当年财政。

第二，分担运营责任，提高运营管理效率。政府指导下的传统管理模式低效率是长期被诟病的问题，运作低效率不仅使投入的财政资金无法达到应有的服务水平，还会使设施的维护费用超出预期，产生不必要的支出。PPP 的特点是管理运营交由专业的社会资本负责，为了达到 PPP 项目管理的绩效指标获得市场利润或政府付费，社会资本必须作出必要的努力，长期达不到考核标准的社会资本甚至会失去继续合作的资格。这些约束和激励条件共同提升了项目的管理和运营效率。具体而言，使用者付费机制下的 PPP 项目通过项目自身运作完成生命周期循环，几乎不需要使用财政资金维持运作。广泛使用的可行性缺口补助机制也主要依靠自身收入维持项目运作，而地方政府作为保证最低收入的部门进行适当付费，提高了地方政府对未来支付能力的把控能力。此外，依据合同约定，地方政府还可以从 PPP 项目中获得超额的运营收益，达到增加收入的目的。

第三，项目风险共同承担。第 5 章对于 PPP 项目微观层面上的风险分担进行了分析，对风险的合理分担，可以进一步减少地方政府面对不确定性损失的支出。

从降低债务水平的角度看，PPP 的作用是在提供既定数量的公共品和服务的同时，降低地方政府的负债。不同于传统的地方政府通过借债方式融资获得资金，PPP 的投资依靠社会资本完成这项工作。在债务融资的过程中，地方政府和社会资本的融资能力也不完全相同，社会资本需要凭借自身的信用水平进行融资。由于金融市场不断变化，融资风险也同样存在，PPP 则将融资主体从地方政府转移至社会资本，达到分担风险的目的。作为主要负责某项特定工程的项目公司（多为有限责任公司），其负债与地方政府财政相互隔离。换言之，项目所有融资产生的现金流都是以项目公司的名义发生的，不仅减少了未来的债务偿还压力，也将主要风险隔离在项目公司账目中。这些负债不在地方政府的资产负债表中体现，从而相对减轻了地方政府的财政压力。

6.3.2　PPP 与地方政府支出责任

地方政府负债产生的根源是：地方政府为了满足本地公众对公共服务与拉动经济持续增长的需求，不断提供更多的公共基础设施从而产生财政赤字。作为聚焦于提供公共基础设施的 PPP 项目，如何化解地方政府债务风险是当前研究的焦点。为进一步开展研究，本书将从 PPP 项目的支出责任入手。目前，不少针对地方政府债务的研究将 PPP 项目投资直接划分为地方政府隐性债务，并视为地方政府支出风险。此类研究普遍将 PPP 模式简单解释为一种将普通债务隐性化并增加地方政府债务风险的违规手段。本书并不完全认可这一分类方法，主要基于以下原因。

第一，从支出的责任上看，PPP 项目付费的责任与地方政府债务形成的负债不同。贷款、债券等形式的负债是融资主体有义务进行偿还的，一般不存在绩效考核或政策减免等约束性条件，相关支出在预算中是确定性的。PPP 项目支出的性质则与普通债务融资不同，财政部会计司有关负责人就印发《政府会计准则第 10 号——政府和社会资本合作项目合同》答记者问时明确表示，政府在确认 PPP 资产时不存在"无条件支付款项的义务"，依法签订的规范的 PPP 合同不会增加政府债务。换言之，PPP 项目是依据合同的有关约定进行支付的，只有在满足相应的条件时才产生该笔支出，而不是刚性的必然支出。从支出的属性上看，《关于推进政府和社会资本合作规范发展的实施意见》认定，政府对符合相关规定的 PPP 项目付费产生的支出，属于政府为公众提供社会公共服务产生的经常性支出。此外，《甄别办法》特别提到，存量债务通过采用 PPP 模式最终转化为企业债务的，不被认定为政府债务。因此，政策层面完全认可使用 PPP，并不将其划归为地方政府债务。

第二，从支出的范围上看，不少研究将 PPP 投资额不准确地视为实际的地方政府债务额度。由前文分析可知，采用不同 PPP 运作模式和回报机制时，地方政府的支出责任是完全不同的。采用政府付费机制时，地方政府的支出责任包括全部成本与项目收益；采用可行性缺口补助机制时，地方政府的支出责任仅包括补贴收益；而采用使用者付费机制时，地方政府几乎不承担任何支出责任。当项目正常运作时，这些负有责任的支出与投资额虽然有密切关联，但并不能直接画等号，更不可视为隐性债务。若项目失败，造成的实际损失在 PPP 项目合同中有相应规定，具体的责任划分与赔偿金额是按照约定进行的，不能简单地加以认定。虽然它不是"无条件支付款项的义务"，但仍要按照合同完成有条件的付费和补助。在 PPP 模式中，政府支出责任通常包括以下内容：项目资本金、运营阶段对项目进行政府付费或可行性缺口补助。这两类支出责任是地方政府依据 PPP 合同约定所必须承担的支出责任。除以上内容外，地方政府还需要承担风险支出，该项支出根据合同约定的风险分担机制确定，由地方政府结合自身职责与所确认应分担的风险种类及份额，依据风险发生概率、蒙受的损失等因素决定。该部分内容在第 5 章中已进行了分析。

第三，从问题项目的数量上看，对于不按照法律法规和制度文件违规采用 PPP 模式并产生实质性损失的项目，可以认为是隐性债务。但这并非 PPP 项目的普遍现象。近年来，相关监管政策不断推出，如财政部《关于进一步规范地方政府举债融资行为的通知》提出的 PPP 项目"四个不得"，又如《关于规范政府和社会资本合作（PPP）综合信息平台项目库管理的通知》要求全国各级财政部门对违规开展的 PPP 项目进行退库工作，等等。在监管政策不断出台，监管力度不断加大的环境下，违规操作的 PPP 项目数量呈现下降趋势，出现此类风险的可能性也不断减少。

6.3.3 PPP 与地方政府债务的替代关系

从融资的角度来看，PPP 模式化解地方政府债务风险主要是通过替代的方式完成，对于建设运营类 PPP 项目，社会资本替代地方政府完成融资，而存量运营类 PPP 项目则是通过支付特许经营费增加地方政府收入来盘活资产。对于地方政府而言，替代关系在现实中存在两种可能性：纯替代关系和替代与补充关系。下面加以具体分析。

（1）建设运营类 PPP 项目的两种替代关系

第一，纯替代关系。这是指通过 PPP 替代传统政府采购模式中的融资责任，而其他投资行为不发生变化。对于建设运营类 PPP 项目，社会资本的投资替代了原先需要通过发行地方政府债券才能获得的资金。如同个人行为，发行债券有两种原因：①当前持有的现金数量不足以满足项目投资的资金需求，需要融资进行资金的补充；②债券融资是一种机会成本相对较低的融资方式，通常地方政府债券利率仅高于国债利率，而城投债券的融资成本低于市场上其他合规渠道的融资成本，考虑到长期的发展和回报，地方政府有理由使用债务杠杆服务于当前的需求。如果 PPP 模式是以纯替代的模式出现，即地方政府放弃传统政府采购模式，转为采用 PPP 模式，同时其他投资行为不发生改变，则必然满足以下几个条件：①使用

PPP 模式的机会成本显著低于发行债券。这里可以从收入和支出两个方面进行解释。从支出的角度看，更低的融资成本是理性人的必然选择，若不考虑利益输送等情形，地方政府有足够的意愿使用 PPP 模式；从收入的角度看，使用 PPP 模式可提高生产效率获得更多单位产出，达到分摊单位成本的目的。②当期地方政府对于公共基础设施的供给总量不会因投资方式的变化而发生变化，换言之，地方政府在计划中已经选择好将在每一期完成哪些项目，不会因为采用了 PPP 模式而发生改变。地方政府需要做的仅仅是在传统政府采购模式和 PPP 模式中作出二选一的决定。

如图 6.1 所示，当财政用于公共基础设施的预算总量为 C 时，线段 OA 代表采用传统政府采购模式，则地方政府可以建设的公共基础设施数量为 B。当采用 PPP 模式并引入社会资本后，同样的财政预算可以提供更多的公共基础设施，即线段 OA'，若地方政府不改变任何支出行为，则 $C-C'$ 为引入 PPP 模式后节省的项目资金，该笔资金可用于偿还地方政府债务。

第二，替代与补充关系，即地方政府通过 PPP 模式撬动社会资本，替代了原先需要通过发行地方政府债券才能获得的资金，并将所节省的资金用于投资其他项目。本书第 4 章已经论证，在合理合规的情况下采用 PPP 模式可以有效减少地方政府财政支出；第 5 章对 PPP 模式的风险分担进行了分析，发现进行合理分担后，还可以进一步减少相关支出责任。因此，地方政府选择采用 PPP 模式后将有更少的机会成本和更高的动机用于替代传统政府债券融资。不过，要求地方政府完全依照本地投资建设规划而不进行任何调整是不现实的。地方政府对本地区基础设施投资一般都先根据国家建设计划、地区经济政策、本地区需求等向各级主管部门进行申报，再由决策部门按照重要性和急迫性进行排序，随后根据当年总体预算情况进行分配，若财政资金不足，则需要通过地方政府债券等形式筹集资金。通常而言，经过多方协调后资金仍无法得到保障的项目，会进入备选名单并根据情况进行候补。此时，适合通过 PPP 模式建设的项目必然会采用 PPP 模式，而其他难以适用的项目则不进行调整。因此，PPP 的出现是对财政资金的补充，可帮助地方政府投资更多的公共事业建设。

如图 6.1 所示，当财政用于公共基础设施的预算总量为 C 时，若地方政府采用 PPP 模式，并按照原定预算计划将所有预算 C 全部投出，则可以多提供 $B'-B$ 的公共基础设施。

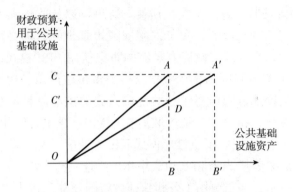

图 6.1　建设运营类 PPP 项目的替代作用

（2）存量运营类 PPP 项目的两种替代关系

第一，纯替代关系。这是指 PPP 替代了传统政府采购模式中的运营责任并支付特许经营费用，而其他投资行为不发生变化。对于存量运营类 PPP 项目，地方政府通过让渡特许经营权，将资产转交社会资本经营，从社会资本获取特许经营费用。特许经营费用可用于补偿地方政府收入不足而产生的赤字。若不考虑利益输送等违规行为，这里同样需要满足以下几个条件：①当前存量项目在地方政府管理下经营不佳，且转让给社会资本管理能带来更高的效益。一方面，地方政府可以减少对相关项目的补贴，减少冗余支出；另一方面，根据 PPP 协议更高的生产效率可为地方政府带来额外收入。②地方政府不会因开展存量运营类 PPP 项目合作而对当期的投资行为产生影响，即地方政府可将获得的特许经营费用用于其他投入，开展更多的建设。

如图 6.2 所示，在对存量项目签署 PPP 合同后，地方政府因获得特许经营费用而使可用的预算额度由 C 上升至 C'，同时，全社会公共基础设施的存量依然为 B，没有发生改变。

第二，替代与补充关系。这是指 PPP 替代了传统政府采购模式中的运营责任并支付特许经营费用，用于其他项目投入。由前文分析可知，对于不改变政府行为的限制通常是难以执行的。若地方政府没有大量债务到期需要立刻兑付本息，很难认为在既定的预算计划下，地方政府会将多出的收入用于提前偿还债务。故开展存量运营类 PPP 项目所得的特许经营费用也将用于提供更多的服务。

如图 6.2 所示，当这笔资金用于建设后，原线段 OA 将延伸至线段 OA'。此时将获得的特许经营费用全部用于新的公共基础设施建设，多提供的公

共基础设施数量为 $B'-B$。

总结而言，无论是哪种运作方式，纯替代关系是 PPP 对地方政府债务风险的直接化解作用，替代与补充关系则是纯替代关系的包含与延伸。在当前发展阶段，地方政府更偏好于扩大投资，替代与补充关系表现得更为明显，但这并不能否定纯替代关系的存在。

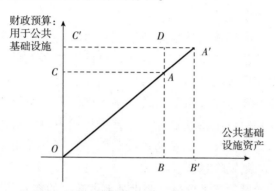

图 6.2　存量运营类 PPP 项目的替代作用

6.3.4　PPP 对化解地方政府债务风险的相对作用

由前文分析可知，地方政府债务风险由地方政府提供公共基础设施不断进行外源融资而产生，但同时地方政府的债务总额受到多种政策限制，并不是完全的市场行为。此外，政府支出也受到多种因素影响。因此，直接对 PPP 与地方政府债务余额进行计算，判断 PPP 能否化解地方政府债务风险是不准确的。回顾 PPP 基本理论可以发现，化解地方政府债务风险的基本理论通常都是对 PPP 自身的影响作出解释，并未考虑到其他外溢影响，忽略了 PPP 对地方政府债务存在替代与补充关系。正因如此，现阶段的文献大多针对 PPP 项目投资额与地方政府债务余额规模的关系进行研究，实证结果普遍认为 PPP 并没有化解地方政府债务风险。但这一方法存在的问题是：无法控制政府行为等外在因素影响，难以针对 PPP 的化解作用作出纯粹的判断。

PPP 对地方政府债务风险的化解效果应当从相对作用而非绝对作用的角度进行判断。根据 PPP 的基本合作方法，PPP 对地方政府债务风险化解的相对作用是指：（1）在建设运营类 PPP 项目的投资建设时期，地方政府仅需要支付项目投资资金中的政府权益部分，且不承担任何新增负债。即在提供相同数量的公共基础设施的同时减少了支出与负债，从而达到相对降低地方政府债务风险的目的。（2）在存量运营类 PPP 项目移交时，地方政府获得社会资本支付的特许经营费用，在提供相同数量的公共基础设施的同时增加了地方政府收入，相对减轻了地方政府偿付债务本息的压力，从而达到相对降低地方政府债务风险的目的。本书将从相对降低负债率与相对降低外源融资需求两个角度进行分析。

（1）相对降低负债率

目前，学界与业界常用的地方政府债务风险衡量指标为地方政府债务余额与地区生产总值的比值，即负债率。负债率越高表明在当前产出效率下负债越多，面临更多的风险。参考该思路，从提供公共基础设施的角度出发，本书以地方政府债务余额与公共基础设施投资额的比值作为评价指标，即新增公共基础设施供给负债率。该指标代表单位新建公共基础设施相对应的负债，新建公共基础设施供给负债率越高，说明当前地方政府债务风险越高，反之则风险越低。

首先，考虑建设运营类项目。假设某地方政府的初始债务余额为 0，本地财政预算审批通过可用于投资建设公共基础设施的资金共计 $a+b$ 亿元，且最终该笔预算都将用于公共基础设施建设。其中，通过发行债券融资获得 a 亿元，税收和非税收入获得的自有资金为 b 亿元。在传统政府采购模式下，地方政府承担公共基础设施建设的所有成本，假设所有投资都转化为固定资产，则该笔预算最终形成项目资产共计 $a+b$ 亿元。此时，全社会新建公共基础设施资产为 $a+b$ 亿元，单位新增公共基础设施供给的负债为 $a/(a+b)$（见图 6.3）。

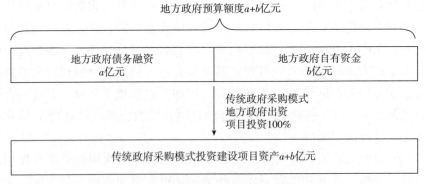

图 6.3　传统政府采购模式资本支出示意图

若采用 PPP 模式，则地方政府支出结构会发生改变。假设发行债券所得 a 亿元全部用于传统政府采购模式投资，而地方政府自有资金 b 亿元中，b' 部分用于 PPP 项目资本金投资，剩余 $b-b'$ 部分用于其他项目建设。这里需要说明的是，地方政府发行的一般债券并不是针对某个项目而发行的债券，而是对于地方政府支出缺口的总量进行的融资。专项债券虽然有指定的投资项目，但截至目前并不能用于支付 PPP 资本金。因此，假设债务融资全部用于传统政府采购模式下的投资是合理的。

从社会资本的角度看，假设社会资本参与 PPP 项目，需要支付自有资金 c 亿元，与地方政府投资的 a 亿元共同作为 PPP 项目的资本金。项目除 $a+c$ 亿元资本金外，仍需要社会资本在市场上进一步融资 d 亿元，以满足项目投资额要求。此时，全社会共有公共基础设施资产 $a+c+b+d$ 亿元。虽然当前地方政府的负债率没有发生变化，但是通过 PPP 引入社会资本后，地方政府负债与公共基础设施资产的比例为 $a/(a+b+c+d)$。换言之，在同样的负债水平下完成了更多的公共服务任务，从而达到相对降低负债水平的目的（见图 6.4）。

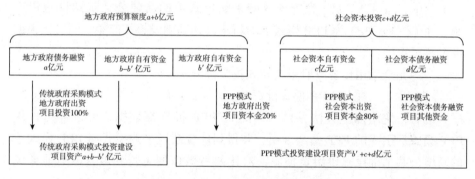

图 6.4   PPP 模式资本支出结构示意图

其次，考虑存量运营类项目。由于存量运营类项目在传统政府采购模式下不需要进行其他的融资，此时地方政府负债为 0。存量运营的特点是将项目转让给社会资本，同时从特许经营权的转让中获得一笔收益。总的来看，社会上公共基础设施总量并没有发生变化，但是地方政府单独获得了特许经营费的收入，这笔收入可以应用于其他项目建设或一般行政开支等。假设此时地方政府获得特许经营费用 e 亿元，考虑到地方政府同时拥有其他负债，则这笔收入可以用于偿还债务，达到减轻地方政府债务负担的目的（见图 6.5）。

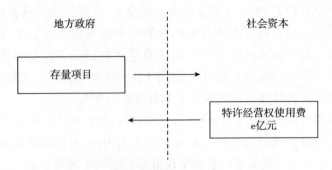

图 6.5　存量运营类 PPP 项目资本金流动示意图

结合两种不同的模式，便可得到当年全社会新增公共基础设施资产与地方政府新增负债的比例：

$$\frac{a-e}{a+b+c+d} = \frac{a-e}{(a+b-b')+(b'+c+d)} \qquad (6.1)$$

其中，$(a+b-b')$ 为传统政府采购模式下的新建公共基础设施资产额，而 $(b'+c+d)$ 为 PPP 模式下的新建公共基础设施资产额。同时，根据设定还可得到：

$$完全采用传统政府采购模式投资额 = a+b$$
$$= 采用 PPP 模式投资额 = b'+c+d \qquad (6.2)$$

最后，使用以上方法并结合各地区 PPP 投资额数据，可以计算采用 PPP 模式后引入的 PPP 资金规模，并得到传统政府采购模式与 PPP 模式下的新增公共基础设施供给负债率，对比两者数值便可得到地方政府债务风险的相对变化。

（2）相对降低外源融资需求

现实中，地方政府的支出行为在不同时期受到政策因素和经济环境因素影响表现出不同的外部性。因此，需要暂时忽略其他影响因素，选取合适的变量研究 PPP 对化解地方政府债务风险的相对影响。

根据前文分析可知，PPP 化解地方政府债务风险的原理是引入社会资本替代地方政府融资的需求，可以推导出在提供相同公共品的情况下，PPP 的引入会降低地方政府对外源融资的需求。本书认为城投债务利差可以作为指标有效地反映地方政府外源融资需求（见图 6.6）。

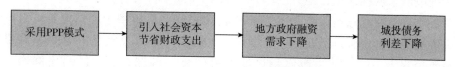

图 6.6　PPP 对地方城投债务利差的影响渠道

其原因在于以下几点。

第一，地方政府受到限额管理，几乎不存在债务限额等于实际投资需求的可能性，因此无法准确反映地方政府的实际需求。从债务额度分配流程上看，全国地方政府债券总额由财政部制定，随后按照每个地区的需求、经济水平、收入能力等因素进行分配和调整，同时还需要报全国人大审批，在严格的管理政策下地方政府债务额度十分紧张。各地区需要根据预算内容的重要性严格筛选后上报预算计划，通常难以满足本地区的发展需求。因此，可以认为经批准的地方政府债务额度，除特殊情况外均会被地方政府完全使用。

第二，由于地方政府债务存在限额管理，为了能够满足地方发展的额外融资需求，地方政府往往需要通过城投公司渠道进行融资，因此，城投债务的需求情况可以反映地方政府融资需求，而对于融资的需求最终表现在利率的高低上。

第三，城投债券为信用债，是公开市场上发行的债券，利率市场化程度相对较高。截至 2019 年底我国地方政府未出现过违约或破产现象，地方政府债券因有地方政府背书而更加稳定，但城投公司以公司的身份进行融资，融资主体不被认为是不可违约的。

第四，本书选择城投债务利差而不是利率，是因为利率在绝对意义上不如利差更为有效地反映融资需求，代表融资主体信用水平的债务利率是基于国债利率计算风险溢价得到的，避免了货币政策改变带来的影响。

因此本书作出以下假设：通过推行 PPP，地方政府融资需求下降，地方城投债务利率水平更低（利差更窄）。

6.4　PPP 对化解地方政府债务风险相对作用的评估

6.4.1　PPP 相对降低负债率的数值估计

以下计算将延续第 5 章中对于 PPP 融资比例的相关设定。在建设运营类 PPP 项目中，资本金占投资额的 20%，地方政府的股权比例为 20%；在传统政府采购模式中，地方政府投资的 20% 源于自有资金，剩余部分采用债务融资。在存量运营类 PPP 项目中，项目资产价值用于冲抵地方政府的出资部分，其余假设不变。计算可得 $a:b=8:2$，即新增公共基础设施供给负债率为 80%，地方政府每提供 1 单位公共基础设施，便同比例增长 80% 的负债。而 PPP 模式则引入了社会资本，$b':c:d=1:4:20$。

　　根据以上原则对 2014—2019 年各地区处于执行阶段的 PPP 项目的投资额进行计算，可以得到估计结果，如表 6.2 所示。由于 PPP 模式中地方政府与社会资本的股权比例与资本金比例都已进行设定，因此，在没有任何特许经营费收入的情况下，计算可得采用 PPP 模式地区的新增公共基础设施供给负债率为 40.82%。该数值相较传统政府采购模式下的新增公共基础设施供给负债率低 59.18%，换言之，在同样的债务风险水平下可以多提供约 69% 的公共基础设施。

表 6.2　2014—2019 年 PPP 模式对地方政府债务的相对作用

单位：万元

地区	地方政府债务融资 a	地方政府自有资金（其他建设）b−b'	地方政府自有资金（用于PPP）b'	社会资本自有资金 c	社会资本债务融资 d	投资形成公共基础设施资产 a+(b−b')+b'+c+d	特许经营费收入 e	新增公共基础设施供给负债率 (a−e)/(a+b+c+d)
北京	1573.90	314.78	78.70	314.78	1573.90	3856.06	5.25	40.68%
天津	383.58	76.72	19.18	76.72	383.58	939.77	2.42	40.56%
河北	3606.63	721.33	180.33	721.33	3606.63	8836.23	125.98	39.39%
山西	1238.98	247.80	61.95	247.80	1238.98	3035.50	21.96	40.09%
内蒙古	1468.09	293.62	73.40	293.62	1468.09	3596.81	13.40	40.44%
辽宁	754.25	150.85	37.71	150.85	754.25	1847.91	243.86	27.62%
吉林	1967.97	393.59	98.40	393.59	1967.97	4821.52	78.73	39.18%
黑龙江	716.10	143.22	35.81	143.22	716.10	1754.45	4.23	40.58%
上海	15.96	3.19	0.80	3.19	15.96	39.10	0.00	40.82%
江苏	4684.87	936.97	234.24	936.97	4684.87	11477.93	105.15	39.90%
浙江	5931.50	1186.30	296.57	1186.30	5931.50	14532.17	138.59	39.86%
安徽	3425.84	685.17	171.29	685.17	3425.84	8393.31	75.58	39.92%
福建	2237.80	447.56	111.89	447.56	2237.80	5482.61	103.64	38.93%
江西	1717.82	343.56	85.89	343.56	1717.82	4208.66	2.55	40.76%
山东	4295.44	859.09	214.77	859.09	4295.44	10523.83	41.96	40.42%
河南	4525.37	905.07	226.27	905.07	4525.37	11087.16	189.49	39.11%
湖北	4121.99	824.40	206.10	824.40	4121.99	10098.89	9.71	40.72%

续表

地区	地方政府债务融资 a	地方政府自有资金（其他建设）$b-b'$	地方政府自有资金（用于PPP）b'	社会资本自有资金 c	社会资本债务融资 d	投资形成公共基础设施资产 $a+(b-b')+b'+c+d$	特许经营费收入 e	新增公共基础设施供给负债率 $(a-e)/(a+b+c+d)$
湖南	2641.30	528.26	132.06	528.26	2641.30	6471.18	26.32	40.41%
广东	3720.12	744.02	186.01	744.02	3720.12	9114.30	0.00	40.82%
广西	1064.47	212.89	53.22	212.89	1064.47	2607.95	0.00	40.82%
海南	566.20	113.24	28.31	113.24	566.20	1387.19	2.82	40.61%
重庆	463.59	92.72	23.18	92.72	463.59	1135.79	36.42	37.61%
四川	3975.11	795.02	198.76	795.02	3975.11	9739.03	37.45	40.43%
贵州	6100.04	1220.01	305.00	1220.01	6100.04	14945.10	131.58	39.94%
云南	6206.03	1241.21	310.30	1241.21	6206.03	15204.76	11.70	40.74%
陕西	2481.49	496.30	124.07	496.30	2481.49	6079.66	0.00	40.82%
甘肃	913.37	182.67	45.67	182.67	913.37	2237.76	0.00	40.82%
青海	135.57	27.11	6.78	27.11	135.57	332.15	5.78	39.08%
宁夏	392.03	78.41	19.60	78.41	392.03	960.46	11.57	39.61%
新疆	2801.52	560.30	140.08	560.30	2801.52	6863.71	9.85	40.67%
总计	74126.91	14825.38	3706.35	14825.38	74126.91	181610.93	1435.97	40.03%

2014—2019 年，全国因采用 PPP 模式在原有基础上多提供公共基础设施约 7.41 亿元资产（a 部分），并相对降低负债率约 40%。从资金结构看，PPP 模式撬动社会资本约 8.90 亿元（c+d 部分），其中，地方政府为 PPP 项目建设投入 0.37 亿元（b′部分）。

根据表 6.2 可得，新增公共基础设施供给负债率最低的 3 个地区分别为辽宁省、重庆市、福建省，新增公共基础设施供给负债率分别降低到 27.62%、37.61%、38.93%。同时，共有 12 个地区负债率降低到 40% 以下，有 5 个地区因没有任何存量运营类项目负债率仍然为 40.82%。

最后需要说明的是，该方法对于 PPP 模式的假设性因素较多，需要对地方政府与社会资本之间的合作比例、项目融资比例作出设定，最终可能影响估计的准确程度。实践中，地方政府将 PPP 模式节省的资金用于再投资的数量是不可知的，因此，该方法得到的估计结果仅说明在该情景下 PPP 模式能降低的地方政府债务水平。

6.4.2　PPP 相对降低外源融资需求的实证分析

（1）数据描述及模型设定

根据 PPP 政策实施时间，本书选取 2014—2019 年的数据进行实证分析。其中，自变量为 PPP 资金流量，即使用财政部 PPP 中心项目管理库数据，通过第 4 章的方法计算各地区使用 PPP 模式时的实际支出额度。被解释变量为地方城投债务利差，通过 Wind 数据库直接得到相关数据。考虑到信用评级不同的债务利差可能存在不同的反应，为了保证结果的稳健性，本书选取 AAA 和 AA 两项评级的城投债务利差作为被解释变量。

此外，为控制各地区特征，控制变量包含以下内容：①财政压力，计算方法为一般财政收入与一般财政支出的比值，财政压力通常是地方政府融资的主要原因（庞保庆和陈硕，2015）。②城市发展能力，以地区生产总值增长率进行衡量。③人口规模，即本地区常住人口数量，以对数的形式进行计算。④固定资产占比，反映地方固定资产投资对经济发展的拉动程度。⑤价格变化，以消费者价格指数作为代表。⑥本地区就业情况，以失业率为指标。⑦市场化指数，来自樊纲和王小鲁构建的省级市场化指数历年数据。⑧本地区教育能力，以生师比作为控制指标。该部分数据同样来自 Wind 数据库（见表 6.3）。

表6.3   主要变量数据描述

变量类型	变量名称	变量描述	观测值	均值	标准差	最小值	最大值
	AAA	AAA评级城投债务利差	172	286.9456	188.1785	61.9766	655.65
	AA	AA评级城投债务利差	183	395.4069	177.5767	93.2833	1050.829
PPP	pppflow	PPP资金流量	186	60.6543	108.7178	−122.4594	492.7527
控制变量	press	财政压力	186	0.5751	0.4298	0.0313	2.3392
	gdprate	地区生产总值增长率	186	107.421	1.7798	97.5	111.01
	lnpop	人口规模	186	8.1362	0.8375	5.7606	9.3519
	fixedgdp	固定资产占比	124	0.8751	0.2475	0.2671	1.6195
	cpi	消费者价格指数	186	101.9454	0.5828	100.57	103.72
	jobless	失业率	186	0.0316	0.0063	0.013	0.0447
	mktindex	市场化指数	186	6.6154	2.1027	0.71	10
	edu	生师比	186	16.1753	2.2190	11.26	19.87

为验证地方政府在PPP项目上的支出对地方城投债务利差的影响，建立如下模型：

$$intrate_{it} = a + \alpha_3 pppflow_{ij} + \beta_3 Z + \mu_i + \varepsilon_{ij} \tag{6.3}$$

其中，$intrate_{it}$代表i地区在t年的城投债务利差，本书将使用AAA和AA两个不同评级的城投债券进行验证，增加模型稳健性。Z为控制变量，μ_i为地区固定效应。

（2）实证分析

表6.4中的数值反映了PPP支出与城投债务利差之间的关系。第（1）列至第（4）列为各地区PPP支出与信用评级为AAA的城投债务利差的计算结果，第（5）列至第（8）列作为进一步检验和相互印证报告了各地区PPP支出与信用评级为AA的城投债务利差的计算结果。所有计算结果均表明对于PPP项目的支出降低了城投债务利差，换言之，提高了地方政府融资平台的信用评级，促使地方政府能够更多地使用城投债券进行融资来投入公共基础设施建设。该计算结果与蔡显军（2020）的研究结论相似，该研究认为，PPP的开展使地方土地价格增长，进一步导致城投债务利率的下降，这与本书的思路有共同之处。不过该研究主要是从增加土地收入的角度进行解释，而本书则是在地方政府收入不变的情况下，从仅考虑支出的角度进行论证。同时，AAA级城投债务利差受PPP实际支出影响更大，下降更多。这说明PPP主要解决了主体更为优质的项目融资问题，对于信用水平相对较差的项目代替性相对有所降低。

表 6.4　PPP 支出与 AAA、AA 级城投债务利差

项目	(1)	(2)	(3)	(4)	(5)	(6)	(7)	(8)
	AAA	AAA	AAA	AAA	AA	AA	AA	AA
pppflow	-0.903***	-2.664***	-1.129***	-1.886***	-0.623***	-2.500***	-0.771***	-1.750***
	(0.100)	(0.3366)	(0.101)	(0.3326)	(0.091)	(0.3515)	(0.083)	(0.3081)
_cons	345.9***	-11492.7***	360.7***	37500.1*	433.6***	-10590.1***	442.6***	51656.5***
	(14.626)	(3.2e+03)	(6.563)	(1.9e+04)	(14.104)	(2.9e+03)	(5.117)	(1.6e+04)
控制变量	否	是	否	是	否	是	否	是
R-sq	0.2876	0.4639	0.3717	0.7015	0.1475	0.4151	0.2059	0.6903
样本区间	All	All	All	All	All	All	All	All
地区固定效应	否	否	是	是	否	否	是	是

Standard errors in brackets

* $p<0.1$, ** $p<0.05$, *** $p<0.01$

（3）稳健性检验

对于不同的地区，实际情况可能有所不同：经济发达地区的地方政府财政状况相对较好，同时公共基础设施也相对更为完善。为了对不同地区进行更为细致的考察，本书以人均地区生产总值作为衡量指标，将全国各地区分为经济发达地区和经济相对欠发达地区。表6.5中第（1）列至第（4）列为AAA级城投债务的计算结果，第（5）列至第（8）列为AA级城投债务的计算结果。结果显示，不同地区使用PPP模式对于本地区的城投债务利差均呈现负相关影响，证明了前文结果的稳健性，分地区计算结果仍然表明，AAA级城投债权项目的融资更容易被PPP模式替代。相比于经济相对欠发达地区，经济发达地区的城投债务利差受PPP影响更小。这表明经济相对欠发达地区采用PPP模式更能够有效地缓解本地区的融资需求压力；经济发达地区财政资金相对更为充足，对于使用PPP模式替代外部融资的需求更低。

此外，通过PPP项目投资额的存量（*pppinv*）也可以看出地方政府对使用PPP模式的态度。PPP投资额越多，说明本地区更愿意使用PPP模式。本书使用执行阶段各地区PPP项目的投资额存量替换核心指标进行验证。在替换了核心解释变量后，AAA级与AA级城投债务利差和使用PPP模式之间的关系仍然在1%的水平上显著，且AAA级地方城投债券的利差下降幅度也表现出较AA级债券更大的结果，这进一步表明采用PPP能够降低地方政府的融资需求，特别是对于信用程度更高的项目（见表6.6）。

表 6.5　经济发展程度不同的地区 PPP 支出与 AAA、AA 级城投债务利差

项目	(1)	(2)	(3)	(4)	(5)	(6)	(7)	(8)
	AAA	AAA	AAA	AAA	AA	AA	AA	AA
pppflow	-1.031***	-1.199***	-1.512***	-2.237***	-0.827***	-0.731***	-1.353***	-2.035***
	(0.1351)	(0.142)	(0.3610)	(0.4035)	(0.1475)	(0.1045)	(0.3766)	(0.3608)
_cons	342.4***	371.1***	26717.6	50776.2	417.2***	454.8***	29130.8	62065.7***
	(9.5402)	(8.862)	(1.7e+04)	(3.0e+04)	(10.4200)	(5.9296)	(1.9e+04)	(2.1e+04)
控制变量	否	否	是	是	否	否	是	是
$R\text{-sq}$	0.3744	0.3733	0.876	0.6707	0.2772	0.1682	0.8642	0.6732
样本区间	Develop	Undevelop	Develop	Undevelop	Develop	Undevelop	Develop	Undevelop
地区固定效应	是	是	是	是	是	是	是	是

Standard errors in brackets

* $p<0.1$, ** $p<0.05$, *** $p<0.01$

表6.6 PPP项目存量投资额对城投债务利差的影响

项目	(1)	(2)	(3)	(4)	(5)	(6)	(7)	(8)
	AAA	AAA	AAA	AAA	AA	AA	AA	AA
pppinv	-0.0522***	-0.0770***	-0.0841***	-0.0496***	-0.0394***	-0.0746***	-0.0629***	-0.0407***
	(0.0052)	(0.0098)	(0.0080)	(0.0150)	(0.0055)	(0.0105)	(0.0069)	(0.0130)
_cons	371.4***	-11224.7***	423.0***	34245.2	455.5***	-10301.2***	491.4***	54048.4***
	(16.5336)	(3.2e+03)	(12.9149)	(2.3e+04)	(16.0417)	(2.9e+03)	(10.5071)	(1.9e+04)
控制变量	否	否	是	是	否	否	是	是
R-sq	0.3019	0.4184	0.5097	0.6529	0.1885	0.3871	0.3391	0.6397
样本区间	All	All	All	All	All	All	All	All
地区固定效应	否	否	是	是	否	否	是	是

Standard errors in brackets

* $p<0.1$, ** $p<0.05$, *** $p<0.01$

6.5　小结

本章对 PPP 与化解地方政府债务风险的作用机制进行了分析，并对化解地方政府债务风险的效果进行了评估。根据债务性质的不同，地方政府债务风险可以从显性/隐性与直接/或有两个角度进行分类，本书主要将显性直接债务中的地方政府债券和显性或有债务中的地方城投债券作为主要研究对象。

为化解地方政府债务风险，地方政府债券发行受到严格的控制，流程较为复杂，很难满足当前地方政府的需求；传统的城投债务融资也因监管部门要求，逐步与地方政府从法律层面上进行剥离，城投公司不能随意开展融资业务。PPP 可以通过节流与降低负债两个角度，作为地方政府提供公共基础设施所需外源融资的补充。

合规的 PPP 项目并不能被看作地方政府隐性债务，原因包括三点：第一，根据当前政策，PPP 支出是非义务性的，不被认为是地方政府负债；第二，地方政府对 PPP 项目的支出主要是付费与补贴，项目风险根据合同约定处理，地方政府不进行兜底；第三，现存 PPP 导致地方政府支出风险的多为违规操作所导致。

PPP 与地方政府债务之间的关系是替代关系，具体可以分为纯替代关系和替代与补充关系。建设运营类 PPP 项目的纯替代关系是指通过 PPP 替代传统政府采购模式中的融资责任，而其他投资行为不发生变化；替代与补充关系是指地方政府通过 PPP 模式撬动社会资本，替代了原先需要通过发行地方政府债券才能获得的资金，并将所节省的资金用于投资其他项目。存量运营类 PPP 项目的纯替代关系是指 PPP 替代了传统政府采购模式中的运营责任并支付特许经营费用，而其他投资行为不发生变化；替代与补充关系是指 PPP 替代了传统政府采购模式中的运营责任并支付特许经营费用，用于其他项目投入。总的来看，纯替代关系和替代与补充关系之间的差异在于地方政府是否因使用 PPP 模式使投资决策发生改变，将节省的资金投资于其他项目。

由于地方政府支出受到多重因素影响，直接用 PPP 支出与地方政府债务余额进行计量分析很难得到 PPP 对地方政府债务风险化解作用的准确结论，因此要从相对作用的视角进行考察。从相对降低地方政府负债率的视角，本书以新增公共基础设施供给负债率进行分析。根据 2014—2019 年全国各地 PPP 项目数据可以估算得到，因采用 PPP 模式，全国多提供公共基础设施约 7.41 亿元资产，并相对降低新增公共基础设施供给负债率约 40%，同时撬动社会资本约 8.90 亿元，在提供更多社会服务的同时有效地降低了地方政府债务风险。从相对降低外源融资需求的角度分析，本书发现地方政府采用 PPP 模式可以有效降低本地区城投债务利差，而城投债务利率代表地方政府融资需求。从债券评级的角度看，相比于更低的评级，PPP 可更有效地代替 AAA 城投债券的融资作用。这意味着 PPP 项目对地方政府债务的替代作用主要表现在信用水平较高项目的融资需求上。从经济发展程度看，相比于经济发达地区，经济相对欠发达地区使用 PPP 模式更有助于降低地方政府的融资需求。

第 7 章　结论与建议

7.1　主要结论

经济发展离不开公共基础设施的有效供给。长期以来，我国公共事业领域的供给均是由地方政府承担的。然而，伴随着经济环境的不断改变，地方政府的财政压力凸显，PPP 作为一个有效的解决方案在短时间内受到全国各地的不断推崇。因此，开展 PPP 相关研究，回顾 PPP 发展情况十分重要。

本书是在前人理论的基础上进行深入分析。首先，本书从理论入手对我国 PPP 的基本特点、性质、优势、合作主体、应用场景等基本情况进行了梳理，对 PPP 的风险分担和化解作用进行了解释。其次，本书尝试在已有的 PPP 评估方法基础上建立一个新的 PPP 评估模型——现金流计量法。基于该模型，本书对 PPP 模式与传统政府采购模式的支出行为进行刻画，并分析 PPP 的支出与传统政府采购模式的不同之处，以及不同变量对 PPP 支出的影响。本书结合 PPP 支出的特点对 PPP 项目支出与地方政府支出之间的关系进行了探究。在前置分析的基础上，本书结合理论从风险分担的视角对 PPP 项目微观风险进行了重新分类，并结合历史数据对当前 PPP 项目可能分担的风险展开了定量分析。同时，为探索实践与理论之间的差异，对当前执行的 PPP 合同进行了模拟检验。最后，本书对 PPP 模式对地方政府债务风险的化解作用进行了研究，分析了当前环境下 PPP 与地方政府之间的支出责任、与债务之间的替代关系，对 PPP 对化解地方政府债务风险的相对作用展开了实证分析。本书主要结论如下。

第一，在我国当前的经济环境下，政府与社会资本合作的定义是地方政府与社会资本为提高社会福利而提供某一项公共服务所达成的合作协议。尽管没有文件直接规定，在当前的实践中，PPP 是以往"特许经营"的现代延续。以公共基础设施为主的 PPP 具有公共服务性和收益稳定性的特点。与传统政府采购模式相比，其提供公共基础设施的不同之处体现在政府与社会资本的平等互利合作性、投资回报合理但非暴利性、合作周期的长期性。基于这些特点，本书认为良好的 PPP 项目应当具有收益与风险对称性、权责划分的清晰性和准确性，同时外在拥有法律保障的完备性、经济政策的连续性等性质。若能够具备这些性质，PPP 可有效解决传统政府采购模式在当前时期的短板，发挥缓解财政负担、分担建设运营风险、提高经营效率的优势。作为 PPP 项目的参与者，政府和社会资本相比于西方国家限定的范围有所不同，政府包括但不限于地方政府、相关管理单位，而社会资本则包括国有企业、民营企业等多种所有制形式，双方在 PPP 模式下均承担了多种不同于以往的角色。尽管 PPP 的应用领域是各项基础设施，但是不同的 PPP 合作模式应当适用于不同类型的设施，在此方面的管理仍然相对粗糙。

第二，PPP 的风险分担和化解作用主要在微观层面和中观层面中体现。在微观层面，PPP 通过引入社会资本方，在不预设前提条件的情况下科学合理地评估并共担风险，使原先全部由地方政府承担的风险部分分担给社会资本。在中观层面，PPP 主要以吸引并激励社会资本参与公共基础设施和服务的提供，从而减少地方政府财政投入项目的资本金，并分担融资责任至社会资本方，实现债务风险隔离，通过两个渠道发挥化解地方政府债务风险的作用。

第三，若不考虑风险分担与经营效率，而仅对项目支出进行测算，同样运作方式的 PPP 项目和使用传统政府采购模式项目的公共部门所承担的费用差值完全相同。这表明对于同一种运作方式的 PPP 项目，影响项目是否占优的变量是完全相同的。从地方政府对项目付费的总量上看，建设运营类项目采用 PPP 模式通常优于传统政府采购模式；而存量运营类项目只能依靠采用 PPP 模式后提升经营效率来达到物有所值的目标。

第四，PPP 项目的风险分担存在一个区间范围，在范围内地方政府与社会资本通过博弈最终确定双方需要分担的风险责任。站在公共部门的视角看，PPP 项目的风险根据性质分为不可分担的风险、可分担且能够有效控制的风险、可分担但难以控制的风险三种类型，其中可分担但难以控制的风险是地方政府采用 PPP 模式风险分担策略需要重点关注的内容，以融资成本风险、价格调整风险、运营收入风险为主。若不对风险进行分担，则 2014 年以来全国各级政府部门在 PPP 项目上面临的损失累计约为 1837926 万元。当前 PPP 合同中对于风险分担策略在融资成本风险和运营收入风险的分担上具有一定效果，但存在进一步优化的空间；而价格调整风险分担策略则效果不佳。

第五，PPP 作为化解地方政府债务风险的工具，主要是付费和补贴，从政策层面进行了明确且不进行兜底，因此不属于地方政府负债。合规的 PPP 项目不是地方政府隐性债务，不会导致地方政府债务风险增加。PPP 与地方政府债务之间存在替代关系，具体可以分为纯替代关系和替代与补充关系。建设运营类项目和存量运营类项目的表现形式稍有不同，纯替代关系和替代与补充关系之间的差异在于地方政府是否因使用 PPP 而使投资决策发生改变，并将所节省与获得的资金投资于其他项目。若地方政府不改变投资行为，则 PPP 表现为纯替代关系；若地方政府将通过 PPP 所节省的资金用于其他项目投资，则表现为替代与补充关系。

第六，由于地方政府支出受到多重因素影响，无法对 PPP 支出与地方政府债务余额直接使用计量模型评估 PPP 对地方政府债务风险的化解作用，只能通过相对作用的视角进行分析评估。从相对降低负债率的视角测算，2014—2019 年，因采用 PPP 模式，全国可多提供公共基础设施约 7.41亿元资产，并降低新增公共基础设施供给负债率约 40%，同时撬动社会资本约 8.90 亿元，在提供更多社会服务的同时有效地降低了地方政府债务风险。从相对降低外源融资需求的角度看，地方政府采用 PPP 模式可有效降低本地区城投债务利差，而城投债务利率代表地方政府融资需求，这表明地方政府的融资需求有所下降。PPP 对信用水平较高主体的债务具有更强的替代作用，但使用 PPP 更有助于缓解经济相对欠发达地区地方政府的融资压力。

7.2　政策建议

7.2.1　完善 PPP 项目管理与微观风险管理

第一，以物有所值定量评价为基础，结合不同行业的特点，出台更为细致、更具有可操作性的 PPP 操作指南。PPP 项目涉及多个行业且差异性较大，然而我国仅对 PPP 项目的所属行业进行简单划分，尚未对项目的适用性和合理性作出规定。项目的适用性决定能否采用 PPP 模式，项目的收益能力则决定采取何种回报机制。错误采用 PPP 模式或选择错误的合作机制可能导致项目失败或造成财政资金损失。管理部门可召集行业专家根据行业特性，出台本行业的指导细则，依托物有所值定量评价对项目开展评估。行业指导性文件可为物有所值定量评价选择合适的参数与计量模型，对PPP项目的预期现金流进行估算。以客观数据作为项目评判依据，通过适度减少自由裁量权，防止不符合条件的PPP项目强行上马。

第二，清晰项目风险的边界与责权。实践中，大多数PPP合同能够识别项目风险因素，但并未对每一种风险进行清晰界定。模糊的风险认识会导致合作双方因对风险认识存在差异而无法有效分担风险。此外，同一种风险可能会受到多种因素影响。在PPP协议中，如何依据不同影响因素对同一种风险的责任进行划分还需要明确。分担风险边界的不清晰使分担风险的主体存在模糊空间，不利于根据风险分担原则对风险进行有效分担，或将导致无人负责的局面。PPP项目的合同应当对PPP项目可能面临的每一项风险按照风险的三要素（风险因素、风险事故、损失的可能性）进行准确定义。为可能存在争议的每一项风险事故划分责任方，可避免产生争议的可能性。

第三，保证政府与社会资本之间地位平等，落实有效的风险分担原则。目前学界对于PPP的风险分担原则已进行了深入研究，然而实践中，PPP项目的风险分担方法仍存在改进空间。具体包括：其一，在我国PPP合作中，公共部门仍然处于强势地位，在风险分担的博弈中具有更多主动权，易造成社会资本承担过多风险。立法和行政主管机关应出台更高层级的法律法规，对PPP合同中政府和社会资本的平等地位作出保护，从法制上保障双方权利。其二，实践中多数PPP项目合同仅强调了PPP模式风险分担的重要性及分配原则，或是没有在项目的定量测算中体现，或是效果不显著。这导致PPP的风险分担优势流于形式，未达到共担风险的目标。对于能够采用定量方式进行测算的风险，建议使用定量分析模型对风险开展科学评估，准确测算损失的可能性，再结合双方合作意愿和风险控制能力在可行的范围内进行协商，并通过适当的方法对风险分担策略的合理性进行科学评价。

第四，加强PPP项目监管，为PPP可持续发展提供保障。本书所有的分析都是建立在受到严格监管、无利益输送这一前提下。如果不能够进行有效监管，就会产生违规操作和套利的行为，使PPP模式的优势不复存在。主动地监管和审计是保证项目最终成功的重要环节，也是政府作为公共品提供者的责任。《操作指南》规定，项目实施机构应每3~5年对项目进行一次评估，主要就运行状况、合同的合规性、适应性和合理性进行分析和评估。本书建议从以下几个方面进行改进：（1）按照《操作指南》对 PPP 合同进行备案抽查。在 PPP 模式不断被应用的今天，全面审查所有 PPP 项目合同是不现实的，但监管部门仍然需要对 PPP 合同进行把关，因此可采用抽查的方式检查 PPP 合同是否对双方权利与义务进行了清晰界定，对于风险的分担是否有效且符合原则。（2）对 PPP 项目绩效进行定期考察。项目绩效是政府付费的决策依据，只有当绩效考评切实发挥作用时，PPP 才能摆脱政府兜底的隐性债务风险，发挥提升公共服务效率的作用。（3）要对 PPP 项目数据进行公开公示。根据财政部的要求，PPP 各阶段签署的文件和资金数据都应当在财政部 PPP 中心网站予以公布。但现阶段公开程度有限，仅有少数项目在规定时间内按要求公开项目资金和考核成果。这一现象既不利于加强透明监督，同时也对 PPP 的进一步研究造成了障碍。

7.2.2　发挥 PPP 化解地方政府债务风险的作用

第一，加强 PPP 项目立项监管，防止将不符合条件的项目包装成 PPP。PPP 模式是以社会资本替代地方政府完成外源融资，从而达到降低地方政府债务风险的目的。然而，融资需求急切的地方政府可能将 PPP 视为一种低廉的融资手段，或将不满足物有所值标准的项目强行立项，或引入不合格的社会资本，或对项目进行兜底，使 PPP 项目成为地方政府隐性债务。这不仅无助于化解地方政府债务风险，反而会使地方政府债务风险更为复杂、更为隐秘。因此，在对 PPP 项目立项审批时，应认真调研项目的必要性、项目经营的收益性、社会资本的合作能力，从源头管理地方政府隐性债务风险。同时，继续坚持不合规项目退出原则，保证 PPP 模式的可持续推广。

第二，优化被 PPP 代替的资金投资方向。根据 PPP 化解地方政府债务风险的原理，引入 PPP 模式可以节省地方政府财政开支或转让存量项目获得特许经营费。然而，对于如何使用这些经费，目前尚未出台相关政策和规定。本书发现，由于替代与补充效应的存在，这些费用可能被用于投资其他项目。对于财政状况较好的地区来讲，这将有助于提供更多的公共品，实现公共基础设施提供效率的提升。但对于因财政状况不佳而存在较大地方政府债务风险的地区，这些资金则不应当再用于扩大建设，而是将节省下的资金用于存量债务的偿付等化解债务风险的相关工作。这需要PPP 管理部门和财政部门相结合，共同完善 PPP 的相关管理政策，发挥PPP 化解地方政府债务风险的作用。

参考文献

［1］敖双红．公共行政民营化法律问题研究［M］．北京：法律出版社，2007：69.

［2］巴希，乌云娜，胡新亮，等．基于粗糙集理论的 PPP 项目风险分担研究［J］．技术经济与管理研究，2013（5）：10-14.

［3］布坎南．自由、市场和国家［M］．北京：北京经济学院出版社，1988：28.

［4］蔡今思．借鉴国际 PPP 运用经验　支持公共基础设施建设［J］．中国财政，2014（9）：15-17.

［5］蔡显军．政治激励与政府和社会资本合作［D］．北京：对外经济贸易大学，2020.

［6］曾刚．地方债务新趋势与应对［J］．中国金融，2017（12）：70-72.

［7］曾晓安．用 PPP 模式化解地方政府债务的路径选择［J］．中国财政，2014（9）：25-26.

［8］陈健．财政联邦制、非正式财政与政府债务——对中国转型经济的规范分析［J］．财经研究，2007（2）：90-99.

［9］陈征．公共任务与国家任务［J］．学术交流，2010（4）：13-15.

［10］戴大双，于英慧，韩明杰．BOT 项目风险量化方法与应用［J］．科技管理研究，2005（2）：98-100，103.

［11］邓小鹏．PPP 项目风险分担及对策研究［D］．南京：东南大学，2007.

［12］邓小鹏，华建革，李启明，等．PPP 项目风险分担方式研究［J］．建筑经济，2008（12）：62-66.

［13］邓小鹏，李启明，熊伟，等．城市基础设施建设 PPP 项目的关键风险研究［J］．现代管理科学，2009（12）：55-56，59.

［14］董再平．我国 PPP 模式政府性债务类型及特征分析［J］．地方财政研究，2016（9）：61-66，87.

［15］范小军，王方华，钟根元.大型基础项目融资风险的动态模糊评价［J］.上海交通大学学报，2004（3）：450-454.

［16］凤亚红，李娜，左帅.PPP项目运作成功的关键影响因素研究［J］.财政研究，2017（6）：51-58.

［17］傅志华，韩凤芹，史卫.政府购买服务及PPP不规范操作蕴藏财政风险——来自地方财政部门的反映［J］.中国财政，2017（18）：50-51.

［18］高武，洪开荣，潘彬.重大基础设施项目风险多维互动组合评价模型［J］.统计与决策，2016（22）：173-176.

［19］龚强，王俊，贾珅.财政分权视角下的地方政府债务研究：一个综述［J］.经济研究，2011，46（7）：144-156.

［20］顾建光.地方政府债务与风险防范对策研究［J］.经济体制改革，2006（1）：10-15.

［21］郭健.公路基础设施PPP项目交通量风险分担策略研究［J］.管理评论，2013，25（7）：11-19，37.

［22］何春丽.基础设施公私合作（含跨国PPP）的法律保障［M］.北京：法律出版社，2015：102.

［23］何涛，赵国杰.基于随机合作博弈模型的PPP项目风险分担［J］.系统工程，2011，29（4）：88-92.

［24］贾康，白景明.县乡财政解困与财政体制创新［J］.经济研究，2002（2）：3-9.

［25］贾康，孙洁.公私伙伴关系（PPP）的概念、起源、特征与功能［J］.财政研究，2009（10）：2-10.

［26］姜子叶，胡育蓉.财政分权、预算软约束与地方政府债务［J］.金融研究，2016（2）：198-206.

［27］柯永建，王守清，陈炳泉.英法海峡隧道的失败对PPP项目风险分担的启示［J］.土木工程学报，2008（12）：97-102.

［28］赖丹馨，费方域.公私合作制（PPP）的效率：一个综述［J］.经济学家，2010（7）：97-104.

［29］李丹，王郅强.PPP隐性债务风险的生成：理论、经验与启示［J］.行政论坛，2019，26（4）：101-107.

［30］李尕.PPP的法律规制——以基础设施特许经营为中心［M］.北京：法律出版社，2017.

［31］李丽珍.PPP模式下地方政府隐性债务规避机制研究［J］.宏观

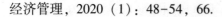

经济管理，2020（1）：48-54，66.

[32] 李升.地方政府投融资方式的选择与地方政府债务风险［J］. 中央财经大学学报，2019（2）：3-12.

[33] 李妍，赵蕾.新型城镇化背景下的PPP项目风险评价体系的构建——以上海莘庄CCHP项目为例［J］.经济体制改革，2015（5）：17-23.

[34] 李扬，张晓晶."新常态"：经济发展的逻辑与前景［J］.经济研究，2015，50（5）：4-19.

[35] 李一花，乔栋.防范化解重大风险背景下地方政府隐性债务研究［J］.新疆社会科学，2019（6）：26-34，157.

[36] 李友梅，肖瑛，黄晓春.当代中国社会建设的公共性困境及其超越［J］.中国社会科学，2012（4）：125-139，207.

[37] 刘方.防范地方政府隐性债务背景下PPP健康发展研究［J］.当代经济管理，2019，41（9）：29-35.

[38] 刘骅，方桦.1978年以来我国地方政府债务政策演化［J］.地方财政研究，2019（5）：32-40.

[39] 刘尚希.财政分权改革——"辖区财政"［J］.中国改革，2009（6）：74-75.

[40] 刘尚希，赵全厚.政府债务：风险状况的初步分析［J］.管理世界，2002（5）：22-32，41.

[41] 刘薇.PPP模式理论阐释及其现实例证［J］.改革，2015（1）：78-89.

[42] 刘新平，王守清.试论PPP项目的风险分配原则和框架［J］.建筑经济，2006（2）：59-63.

[43] 刘亚.金融风险管理学［M］.北京：中国金融出版社，2017：14.

[44] 刘亚臣，牛思琦，包红霏.基于灰色评价模型的廉租房PPP项目融资风险综合评价［J］.沈阳建筑大学学报（社会科学版），2014，16（3）：276-279.

[45] 刘煜辉，张榉成.中国地方政府融资平台分析［J］.银行家，2010（6）：7，48-52.

[46] 马金华，杨娟，梁睿聪.博弈视角下的地方政府债务管理研究［J］.经济与管理评论，2012，28（1）：128-132.

［47］毛捷，徐军伟．中国地方政府债务问题研究的现实基础——制度变迁、统计方法与重要事实［J］．财政研究，2019（1）：3-23.

［48］缪小林，程李娜．PPP防范我国地方政府债务风险的逻辑与思考——从"行为牺牲效率"到"机制找回效率"［J］．财政研究，2015（8）：68-75.

［49］庞保庆，陈硕．央地财政格局下的地方政府债务成因、规模及风险［J］．经济社会体制比较，2015（5）：45-57.

［50］亓霞，柯永建，王守清．基于案例的中国PPP项目的主要风险因素分析［J］．中国软科学，2009（5）：107-113.

［51］萨尔维斯，柯华庆．法律的经济学分析［M］．北京：中国政法大学出版社，2009：34.

［52］萨瓦斯ES，周志忍．民营化与公私部门的伙伴关系［M］．北京：中国人民大学出版社，2002：73.

［53］时红秀．财政分权、政府竞争与中国地方政府的债务［M］．北京：中国财政经济出版社，2007.

［54］时红秀．地方债的成因是什么？［N］．中国经济时报，2010-07-07（005）.

［55］孙荣霞．基于霍尔三维结构的公共基础设施PPP项目融资模式的风险研究［J］．经济经纬，2010（6）：142-146.

［56］孙秀林，周飞舟．土地财政与分税制：一个实证解释［J］．中国社会科学，2013（4）：40-59，205.

［57］王俊豪，付金存．公私合作制的本质特征与中国城市公用事业的政策选择［J］．中国工业经济，2014（7）：96-108.

［58］王蕾，赵敏，彭润中．基于ANP-Shapley值的PPP模式风险分担策略研究［J］．财政研究，2017（6）：40-50.

［59］王雪青，喻刚，邴兴国．PPP项目融资模式风险分担研究［J］．软科学，2007（6）：39-42.

［60］王颖林，刘继才，赖芨宇．基于风险偏好的PPP项目风险分担博弈模型［J］．建筑经济，2013（12）：44-47.

［61］王永钦，陈映辉，杜巨澜．软预算约束与中国地方政府债务违约风险：来自金融市场的证据［J］．经济研究，2016，51（11）：96-109.

［62］魏加宁．地方政府投融资平台的风险何在［J］．中国金融，2010（16）：16-18.

［63］魏伟，陈骁，张明．中国金融系统性风险：主要来源、防范路径与潜在影响［J］．国际经济评论，2018（3）：7，125-150.

［64］温来成，刘洪芳，彭羽．政府与社会资本合作（PPP）财政风险监管问题研究［J］．中央财经大学学报，2015（12）：3-8.

［65］乌云娜，胡新亮，张思维．基于ISM-HHM方法的PPP项目风险识别［J］．土木工程与管理学报，2013，30（1）：67-71.

［66］吴孝灵，周晶，彭以忱，等．基于公私博弈的PPP项目政府补偿机制研究［J］．中国管理科学，2013，21（S1）：198-204.

［67］吴卓瑾，乔宝云．构建合理的PPP管理框架　推进财政和国家治理现代化［J］．中国财政，2014（15）：46-49.

［68］肖耿，李金迎，王洋．采取组合措施化解地方政府融资平台贷款风险［J］．中国金融，2009（20）：40-41.

［69］邢会强．PPP模式中的政府定位［J］．法学，2015（11）：17-23.

［70］徐琳．法国公私合作（PPP模式）法律问题研究［J］．行政法学研究，2016（3）：116-127.

［71］徐玉德，魏星宇，李化龙．我国PPP发展制约因素分析与政策建议［J］．地方财政研究，2019（4）：29-36，57.

［72］杨十二，李尚蒲．地方政府债务的决定：一个制度解释框架［J］．经济体制改革，2013（2）：15-19.

［73］姚东旻，朱泳奕，庄颖．PPP是否推高了地方政府债务——基于微观计量方法的系统评价［J］．国际金融研究，2019（6）：26-36.

［74］尹航，李远富，赵冬梅．基于粗糙集的PPP项目风险分担方案选择研究［J］．计算机工程与应用，2015，51（9）：9-15.

［75］余晖，秦虹．公私合作制的中国试验［M］．上海：上海人民出版社，2005.

［76］张曾莲，郝佳赫．PPP项目风险分担方法研究［J］．价格理论与实践，2017（1）：137-140.

［77］张德勇．谨防隐匿的地方债务风险［N］．经济参考报，2016-02-29（008）.

［78］张明，朱子阳．中国政府债务规模究竟几何？［J］．财经，2018.

［79］张萍，刘月．城市基础设施PPP模式下融资风险水平度量研究［J］．工程管理学报，2015，29（2）：65-70.

［80］张水波，何伯森．工程项目合同双方风险分担问题的探讨

[J]．天津大学学报（社会科学版），2003（3）：257-261．

[81] 张玮，张卫东．基于网络层次分析法（ANP）的 PPP 项目风险评价研究 [J]．项目管理技术，2012，10（10）：84-88．

[82] 张雪莹，王玉琳．地方政府债务治理与政府隐性担保效果——基于债券市场数据的分析 [J]．证券市场导报，2019（1）：28-36，46．

[83] 张亚静，李启明，程立，等．PPP 项目残值风险系统性影响因素识别及分析 [J]．工程管理学报，2014，28（4）：77-81．

[84] 张勇．PPP 模式与地方政府债务治理 [J]．价格理论与实践，2015（12）：136-138．

[85] 赵珍．当前融资模式下地方政府隐性债务风险探析 [J]．财政科学，2018（2）：107-116．

[86] 郑洁，昝志涛．地方政府隐性债务风险传导路径及对策研究 [J]．宏观经济研究，2019（9）：58-66．

[87] 植草益．微观规制经济学 [M]．北京：中国发展出版社，1992．

[88] 周小付，萨日娜．PPP 的共享风险逻辑与风险治理 [J]．财政研究，2016（4）：39-46．

[89] 朱莹，王健．市场约束能够降低地方债风险溢价吗？——来自城投债市场的证据 [J]．金融研究，2018（6）：56-72．

[90] 邹焕聪．公私合作（PPP）法律问题研究 [M]．北京：人民出版社，2017．

[91] 邹瑾，崔传涛，顾辛迪．救助预期与地方政府隐性债务风险——基于城投债利差的证据 [J]．财经科学，2020（9）：93-107．

[92] Abd Karim N A. Risk Allocation in Public Private Partnership (PPP) Project: A Review on Risk Factors [J]. *International Journal of Sustainable Construction Engineering and Technology*, 2011, 2 (2).

[93] Abednego M P, Ogunlana S O. Good Project Governance for Proper Risk Allocation in Public-private Partnerships in Indonesia [J]. *International Journal of Project Management*, 2006, 24 (7): 622-634.

[94] Ahwireng-Obeng F, Mokgohlwa J. Entrepreneurial Risk Allocation in Public-private Infrastructure Provision in South Africa [J]. *South African Journal of Business Management*, 2002, 33 (4): 29-39.

[95] Arndt R H. Risk Allocation in the Melbourne City Link Project [J]. *Journal of Structured Finance*, 1998, 4 (3): 11.

［96］World Bank. Global Development Finance ［R］. 2003.

［97］Bing L, Akintoye A, Edwards P J, et al. The Allocation of Risk in PPP/PFI Construction Projects in the UK ［J］. *International Journal of Project Management*, 2005, 23（1）: 25-35.

［98］Buchanan J M, Tollison R D. The Theory of Public Choice──II ［M］. University of Michigan Press, 1972: 19.

［99］Cebotari A. Contingent Liabilities: Issues and Practice ［R］. International Monetary Fund, 2008.

［100］Chan A P, Lam P T, Chan D W, et al. Critical Success Factors for PPPs in Infrastructure Developments: Chinese Perspective ［J］. *Journal of Construction Engineering and Management*, 2010, 136（5）: 484-494.

［101］Chen C, Hubbard M. Power Relations and Risk Allocation in the Governance of Public Private Partnerships: A Case Study from China ［J］. *Policy and Society*, 2012, 31（1）: 39-49.

［102］Chou J-S, Tserng H P, Lin C, et al. Critical Factors and Risk Allocation for PPP Policy: Comparison between HSR and General Infrastructure Projects ［J］. *Transport Policy*, 2012（22）: 36-48.

［103］Chung D, Hensher D A. Modelling Risk Perceptions of Stakeholders in Public－private Partnership Toll Road Contracts ［J］. *Abacus*, 2015, 51（3）: 437-483.

［104］Collins D J. The 2000 Reform of Intergovernmental Fiscal Arrangements in Australia ［R］. International Symposium on Fiscal Imbalance: A Report, 2002: 113-144.

［105］Contreras C, Angulo J. Valuing Governmental Support in Road PPPs ［J］. *Hacienda Publica Espanola*, 2017, 223（4）: 37-66.

［106］De Palma A, Leruth L E, Prunier G. Towards a Principal－agent Based Typology of Risks in Public－private Partnerships ［J］. *Reflets et perspectives de la vie économique*, 2012, 51（2）: 57-73.

［107］Farquharson E, Torres De Mästle C, Yescombe E R. How to Engage with the Private Sector in Public－private Partnerships in Emerging Markets ［R］. World Bank, 2011.

［108］Ford R, Poret P. Infrastructure and Private－sector Productivity ［R］. OECD Working Paper No. 91, 1991.

［109］ Grimsey D, Lewis M K. Evaluating the Risks of Public Private Partnerships for Infrastructure Projects ［J］. *International Journal of Project Management*, 2002, 20 (2): 107-118.

［110］ Hart O. Incomplete Contracts and Public Ownership: Remarks, and an Application to Public – private Partnerships ［J］. *The Economic Journal*, 2003, 113 (486): C69-C76.

［111］ Hodge G A, Greve C. Public – private Partnerships: An International Performance Review ［J］. *Public Administration Review*, 2007, 67 (3): 545-558.

［112］ Hood C. A Public Management for All Seasons? ［J］. *Public Administration*, 1991, 69 (1): 3-19.

［113］ Irwin T, Klein M, Perry G E, et al. Dealing with Public Risk in Private Infrastructure-An Overview ［J］. *IRWIN*, 1997.

［114］ Jin X-H, Zhang G. Modelling Optimal Risk Allocation in PPP Projects using Artificial Neural Networks ［J］. *International Journal of Project management*, 2011, 29 (5): 591-603.

［115］ Jones D. Policy Development in Australia for Public Private Partnerships——What More is There to Do? ［C］. A Seminar on Providing Value for Money through Public Private Partnerships: The Lessons Learnt So Far from Economic and Social Infrastructure Projects, 2002: 99-107.

［116］ Ke Y, Wang S, Chan A P. Risk Allocation in Public – private Partnership Infrastructure Projects: Comparative Study ［J］. *Journal of Infrastructure Systems*, 2010, 16 (4): 343-351.

［117］ Ke Y, Wang S, Chan A P, et al. Preferred Risk Allocation in China's Public – private Partnership (PPP) Projects ［J］. *International Journal of Project Management*, 2010, 28 (5): 482-492.

［118］ Keen M. Vertical Tax Externalities in the Theory of Fiscal Federalism ［J］. *Staff Papers*, 1998, 45 (3): 454-485.

［119］ Kerf M, Gray R D, Irwin T, et al. Concessions for Infrastructure: A Guide to Their Design and Award ［R］. World Bank, 1998.

［120］ Lam P T. A Sectoral Review of Risks Associated with Major Infrastructure Projects ［J］. *International Journal of Project Management*, 1999, 17 (2): 77-87.

［121］ Liu J, Cheah C Y. Real Option Application in PPP/PFI Project Negotiation [J]. *Construction Management and Economics*, 2009, 27 (4): 331-342.

[122] Lyons T, Skitmore M. Project Risk Management in the Queensland Engineering Construction Industry: A Survey [J]. *International Journal of Project Management*, 2004, 22 (1): 51-61.

[123] Medda F. A Game Theory Approach for the Allocation of Risks in Transport Public Private Partnerships [J]. *International Journal of Project Management*, 2007, 25 (3): 213-218.

[124] Moore W B, Muller T. Impacts of Development and Infrastructure Financing [J]. *Journal of Urban Planning Development*, 1991, 117 (3): 95-107.

[125] Ng A, Loosemore M. Risk Allocation in the Private Provision of Public Infrastructure [J]. *International Journal of Project Management*, 2007, 25 (1): 66-76.

[126] Persson T, Tabellini G. Political Economics and Public Finance [M]. Handbook of Public Economics: Elsevier, 2002: 1549-1659.

[127] Polackova H. Contingent Government Liabilities: A Hidden Risk for Fiscal Stability [R]. The World Bank, 1998.

[128] Qin Y. China's Transport Infrastructure Investment: Past, Present, and Future [J]. *Asian Economic Policy Review*, 2016, 11 (2): 199-217.

[129] Rode D C, Fischbeck P S, Dean S R. Monte Carlo Methods for Appraisal and Valuation: A Case Study of a Nuclear Power Plant [J]. *The Journal of Structured Finance*, 2001, 7 (3): 38-48.

[130] Schmidt K M. The Costs and Benefits of Privatization: An Incomplete Contracts Approach [J]. *The Journal of Law, Economics, and Organization*, 1996, 12 (1): 1-24.

[131] Shen L-Y, Platten A, Deng X. Role of Public Private Partnerships to Manage Risks in Public Sector Projects in Hong Kong [J]. *International Journal of Project Management*, 2006, 24 (7): 587-594.

[132] Sobhiyah M, Bemanian M, Kashtiban Y K. Increasing VFM in PPP Power Station Projects - Case Study: Rudeshur Gas Turbine Power Station [J]. *International Journal of Project Management*, 2009, 27 (5): 512-521.

[133] Song J, Song D, Zhang X, et al. Risk Identification for PPP

Waste-to-energy Incineration Projects in China [J]. *Energy Policy*, 2013 (61): 953-962.

[134] Swianiewicz P. Local Government Borrowing: Risks and Rewards [M]. Open Society Institute, 2004.

[135] Tam C. Build-operate-transfer Model for Infrastructure Developments in Asia: Reasons for Successes and Failures [J]. *International Journal of Project Management*, 1999, 17 (6): 377-382.

[136] Vega A O. Risk Allocation in Infrastructure financing [J]. *Journal of Structured Finance*, 1997, 3 (2): 38.

[137] Wang S Q, Tiong R L, Ting S, et al. Evaluation and Management of Political Risks in China's BOT Projects [J]. *Journal of Construction Engineering and Management*, 2000, 126 (3): 242-250.

[138] Warsen R, Greve C, Klijn E H, et al. How Do Professionals Perceive the Governance of Public-private Partnerships? Evidence from Canada, the Netherlands and Denmark [J]. *Public Administration*, 2020, 98 (1): 124-139.

[139] Wibowo A. Valuing Guarantees in a BOT Infrastructure Project [J]. *Engineering, Construction and Architectural Management*, 2004.

[140] Wibowo A, Permana A, Kochendörfer B, et al. Modeling Contingent Liabilities Arising from Government Guarantees in Indonesian BOT/PPP toll Roads [J]. *Journal of Construction Engineering and Management*, 2012, 138 (12): 1403-1410.

[141] Wilson J D. Theories of tax competition [J]. *National Tax Journal*, 1999, 52 (2): 269-304.

[142] Xu Y, Yeung J F, Jiang S. Determining Appropriate Government Guarantees for Concession Contract: Lessons Learned from 10 PPP Projects in China [J]. *International Journal of Strategic Property Management*, 2014, 18 (4): 356-367.

[143] Zayed T M, Chang L-M. Prototype Model for Build-operate-transfer Risk Assessment [J]. *Journal of Management in Engineering*, 2002, 18 (1): 7-16.

[144] Zhang G, Zou P X. Fuzzy Analytical Hierarchy Process Risk Assessment Approach for Joint Venture Construction Projects in China [J]. *Journal of Construction Engineering and Management*, 2007, 133 (10): 771-779.

后　记

　　无论是过去还是现在，当一个中国孩子被问到你的梦想是什么的时候，不少人都会回答：科学家。对于我而言也是如此。虽然经济学并非狭义的科学（即"自然科学"），但使用科学的方法探索社会发展的规律大概也可以归属于广义的科学研究。这样来看，也算是部分实现了我曾经的愿望。探索未知的道路何其艰难，每一项重大突破背后的不懈努力，多不为人所知。北宋王安石曾言：世之奇伟、瑰怪，非常之观，常在于险远，而人之所罕至焉，故非有志者不能至也。只有经历一番磨难，才能看到常人看不到的风景。

　　研究是理论和实践的结合。本科、硕士、博士近十年的课堂学习和文献研究，使我对理论和书本知识不再生疏。然而随着研究的不断深入，我时不时会对缺乏实践经验产生恐慌：我只是简单地读懂了理论，却不明白这样的理论是如何一步步从实践经验中提炼出来的，又是如何在实践中体现的。正如《实践论》所言，一切真知都是从直接经验发源的；离开实践的认识是不可能产生的。脱离了实践的理论研究是没有意义的，特别是对于社会科学的研究，最终目的是解释并解决现实中的问题。我想这大概就是"认识从实践始，经过实践得到了理论的认识，还须再回到实践去"。

　　不过，越是贴近实践工作的研究，越需要掌握横跨多个学科和行业的知识。在分工高度精细化和专业化的今天，即使从事同一行业，不同岗位的人也可能并不完全了解生产链条中的每一个步骤，更何况是涉及面广、专业程度高、系统性强的学术研究。一个人的精力是有限的，无论是谁都不可能亲历每一项工作，因此科研工作必须站在巨人的肩膀上。正因如此，本书（一本基于博士论文完成的著作）的写作完成离不开很多人的帮助。

　　感谢我的博士导师刘亚教授，引导我迈入学术研究的大门。本书能够顺利写作完成，离不开刘老师的耐心指导和不断鼓励。求学期间，刘老师对我要求严格却又不失宽松。严于学术，在研究的逻辑方法上一丝不苟，悉心指点我如何思考问题；在论文的写作上细心订正，每一处标点和表格的错误都一一指出。宽于思路，鼓励我发散思维，开拓思路，不拘泥于传统的框架，允许我按照自己的想法开展工作。数年间，无论是课堂上、讨论中，还是日常生活间，老师的一言一行让我领略到多才多艺、博学慎思的知识分子风范。需要向老师学习的不仅仅是知识，更是做人的品德、为人处世的态度。短短几年匆匆而过，只能使我学到老师人生智慧的皮毛，恩师是我终身学习的榜样。

本书的完成也离不开经验丰富的前辈们的悉心指导。感谢财政部 PPP 中心的杨剑敏副主任、李文杰副处长对我在撰写本书的过程中遇到的困惑进行解答，并对研究方向提供了有益建议。感谢来自银行、保险、PPP 行业多个部门的领导和从业人员拨冗接受采访调研，使本书对实践的把握更为准确。感谢对本书研究方法提出宝贵建议的潘慧峰老师；对本书逻辑架构提出改进意见的王静波老师、郭红玉老师、丁建臣老师、周荣喜老师、王天一老师。特别感谢对本书出版给予巨大帮助的刘钊老师和张熠婧老师，他们承担了本书的编辑工作；此外还有许多同志为本书的出版做了大量工作，在此一并表示感谢。

本书的完成也离不开无数好友的鼎力相助。感谢每日陪伴我的好友李帅、冯逊、仇琪、李钊艺、黄俊龙、季千粟、王皓帆，作为有关行业的实践者对本文提出了许多专业建议；感谢好友李超翔和王雪乔夫妇对本书研究的 N 次支援；感谢好友边玉麟博士在周末和晚上抽出时间对我的疑问进行解答；感谢好友杨斓、郭俊杉和刘又源帮助本书补齐财政知识方面的短板；感谢好友刘浩给出项目工程管理方面的建议；感谢室友高腾飞博士给予我兄长般的关心和指导。还有同门的师姐李兴凤、师妹郑雅心、李欣秋和师弟林伟，感谢你们的朝夕陪伴与鼓励。

最后，需要特别感谢的是在我硕士毕业后彷彷徨徨时鼓励我下定决心报考博士，并在学术道路上一直帮我出谋划策、给我学术灵感、关心关爱我成长的长辈们。他们是边慧敏老师、甘犁老师、赵保国老师以及无法一一提及名字的老师们。当然，还需要特别感谢我的家人，为我持续不断地提供了物质保障和精神动力。

由于本人水平有限，书中难免有疏漏不当之处，敬请读者批评指正。

作者
2022 年 11 月 1 日于北京